KB119865

# 억울한
# 사람들의
# 나라

# 억울한
# 사람들의
# 나라

세월호에서 미투까지,
어떤 억울함들에 대한 기록

**최태섭** 지음

위즈덤하우스

# 억울함에
# 대하여

"여기는 더 이상 자유민주주의 특검이 아닙니다!

어린애와 손자까지 멸망시키겠다고 하고…

박근혜 대통령 공동 책임을 밝히라고 자백을 강요하고 있어요.

이것은 너무 억울해요!"


"염병하네! 염병하네! 염병하네!"


– 2017년 1월 25일 특검에 국정 농단 혐의로 조사를 받으러 온 최순실(본명 최
서원)의 외침과 그에 대한 특검 입주 빌딩 청소 노동자 60대 여성의 응답

# 어쩌다 우리는 이렇게 억울해졌나

◉------- 억울함에 대한 책을 쓰려던 것은 아니었다. 특별히 억울함에 대한 글만을 모은 것도 아니다. 2015년 이후 써온 글들을 그러모았을 뿐인데, 억울함이라는 단어가 산맥처럼 솟아올랐다. 곰곰이 생각해보았다. 이 억울함들은 대체 어디에서 온 것일까? 혹시 나의 마음속에서 꿈틀대는 저 덩어리들이 내 글에 들러붙은 것은 아닐까? 그러나 고개를 들어 주변을 한 번 둘러보는 것만으로도 이 사회에 창궐하고 범람하는 억울함이 보였다. 이제는 이렇게 단언할 수도 있다. 억울함이야말로, 우리들의 시대정신이라고.

하지만 대체 억울함이란 무엇일까? 표준국어대사전의 '억울하다' 항목에는 "아무 잘못 없이 꾸중을 듣거나 벌을 받거나 하여 분하고 답답하다"라고 적혀 있다. 영어사전에서는 억울함을 나타내는 표현으로 "이건 공정하지 않아"로 옮길 수 있는 "This is not fair"나 "This is unfair"를 꼽는다. 사전적 정의에 따르면 억울함은 공정함이나 정의가 실현되지 않았을 때 발생하는 감정이다. 한국의 근현대사를 두고 이 정의를 생각해보면 이곳이 '억울한 사람들의 나라'가 되는 것은 조금도 이상하지 않다.

하지만 이 정의들은 정말로 우리가 느끼는 억울함을 모두 설명해주고 있을까? 가령 최순실의 억울함은 어떨까? 그는 그 어떤 민주주의적 정당성도 없이 대통령의 막후에서 국가의 중요한 사안들에 개입하고, 그를 통해 사익을 취해왔다. 그 때문에 한국 사회에서 생성된 억울함의 양은 너무나도 어마어마한 나머지 촛불시위와 대통령의 탄핵에 이어 현직 대통령의 구속을 이끌어냈을 정도다. 하지만 최순실의 머릿속에서는 사정이 다를 수 있다. 대통령의 오랜 친구로서 선의를 가지고 국가 대사를 도왔으며, 사랑하는 딸을 최대한 지원해주고 싶었고, 남들과 똑같이 부를 얻을 기회가 찾아왔을 때 외면하지 않았을 뿐인데, 이런 처사는 너무 가혹한 것이 아니냐고 말이다. 다행히도 그가 느끼는 억울함에 가장 합당한 응답을 현장에 있던 청소 노동자가 대신 해주었다. 그러나 쉽게 상상하듯 그가 억울하지 않다거나 억울한 척을 하고 있다고만 볼 수는 없다. 실제로 많은 범죄자들이 자신들의 행동을 죄가 아니라고 생각하거나, 죄일지라도 큰 죄는 결코 아니라고 생각하거나, 남들과 다르게 운이 없어서 들켰을 뿐이라고 여긴다. 탐정소설이나 만화에서 등장하는 자신의 죄를 순순히 인정하는 죄인은 그 작품들 속에 등장하는 트릭들만큼이나 환상적인 존재인 것이다.

"세상에서 가장 억울한 일은 무엇일까? 나는 억울한 일 그 자체라고 생각한다. 억울한 일에는 원인이 너무 많아서 원인이 없다. 고통에는 위계도 수량도 총량도 없다."[0]

객관적으로 보면 가지고 있는 마지막 한 개를 빼앗긴 사람의 억울함과, 99개를 가지고 있지만 한 개를 더 빼앗아 100개를 만들지 못한 사람의 억울함은 비교할 수조차 없다. 그러나 누가 더 억울함을 '느끼고' 있을지는 쉽게 장담할 수 없다. 억울함이라는 것은 이토록 주관적인 것이다. 이것을 바탕으로 억울함에 대한 새로운 정의를 내려보자. 억울함은 현실과 기대 사이의 격차로부터 발생하는 감정이다. 나에게 일어날 리 없다고 생각했던 일, 일어나서는 안 된다고 생각했던 일이 벌어졌을 때 우리는 억울해진다.

## 한국 사회가 억울함을 만드는 법

억울함은 사건을 주관적으로 받아들이고 해석하는 과정에서 발생하지만, 사건 그 자체는 객관적이다. 그리고 한국 사회에 번성하고 있는 억울함의 기원은 너무나도 객관적이다.

그중 가장 큰 기원은 한국 사회가 피해자를 만들어내고, 대하는 방식이다. 한국 사회는 한 세기도 안 되는 시간 동안 압축적이고도 급속하게 피해자들을 양산해왔다. 학살, 전쟁, 색깔몰이, 차별, 착취, 폭력 등 벌어질 수 있는 모든 종류의 가해가 일어났다. 피해자는 대체로 돌을 던지기에 만만한 곳에 있었던 사회적 약자들이었고, 공정한 심판이나 변호의 기회는 주어지지 않았다.

한국 사회가 이 피해자들에게 해온 가장 오래된 대접은 그들의 입을 틀어막고, 모든 것이 그들 자신의 잘못이며, 그럴 만하기 때문에 그들이 희생당했다고 몰아세우는 것이었다. 한국 사회의 크고 작은 피해로부터 살아남은 이들은 숨을 죽이고 스스로를 저주하며 살아야 했다. 그나마 1987년 민주화 이후 피해자들에게도 말할 권리가 생겨났다. 그러나 여전히 사회는 이들이 진짜 피해자인지 아닌지를 끊임없이 판별하려 들었고, 진짜 피해자라고 할지라도 '피해자답지 않은' 행동을 하는 이들에게는 불순한 자라는 딱지를 붙였다. 또 어떤 이들은 여전히 피해자들을 핍박하던 논리를 맹신했고, 어떤 이들은 이 피해자들이 불쌍한 척을 하면서 너무 많은 것을 누리려 든다고 주장했다. 사회는 피해자를 어느 날 갑자기 단상 위로 불러올렸다가, 다음날이 되면 언제 그랬냐는 듯이 바닥에 처박았다. 사람들은 필요와 관심에 따라 피해자들을 기억했다가 이내 잊어버리곤 했다. 이 모든 일이 벌어지는 가운데 새로운 피해자는 계속해서 생겨났고, 그들의 억울함 역시 계속해서 쌓여만 갔다.

믿음과 신뢰를 배반당하는 경험도 이 억울함의 큰 기원이라고 할 수 있다. 사람들은 삶을 이어가기 위해, 희망을 갖기 위해 무언가를 믿어왔다. 사실 삶에 있어서 믿음이란 필수불가결한 것이다. 은행에 넣어둔 돈이 어느 날 갑자기 증발해버리지 않을 것이라는 믿음, 거대한 다리나 아파트, 기차, 배가 순식간에 무너지거나 탈선하거나 침몰하지 않을 것이라는 믿음, 밤중에 길을 걷고 있어도 안전할 것이라는 믿음이 없다면 삶이란 신경쇠약과 강박증의 동의어가 될 것이기 때문이다.

그러나 한국 사회에서 무언가를 믿는다는 것은 언제나 지나친 대가를 요구하는 행위다. 한국전쟁이 발발하자 "서울은 안전하다"는 방송을 틀어두고 솔선수범하여 피난을 갔던 초대 대통령 이승만의 일화는 예언적이었다. 법과 제도를 순진하게 믿어버린 이들은 법이 힘 있는 자들을 보호하기 위해 유연하게 휘어지는 광경을 목격해야 했다. 아기의 건강을 바라며 가습기에 넣은 살균제는 아기의 목숨을 빼앗는 독이 되었다. 수학여행을 가는 학생들을 실은 거대한 배가 거짓말처럼 시커먼 바닷속으로 사라져버린 그날 이후 우리는 더 이상 아무것도 믿을 수 없는 사람들이 되었다.

## 억울함이라는 덫에 걸린 사회

사회에 억울함이 창궐한다. 이 사실은 무엇을 의미하는가? 먼저 개인의 관점에서 보자. 억울함은 무서운 감정이다. 억울함이 큰 사람일수록, 그는 이해심이나 여유와는 멀어질 가능성이 높다. 자신에게 왜 이런 일이 벌어졌는지를 납득하기 위해 수천 번 돌이켜보고, 자책에서부터 세상 모든 것에 대한 저주까지를 반복하고 또 반복한다. 억울함은 쉽게 사라지거나 치워둘 수 있는 감정이 아니다. 특히 힘들고 괴로운 사람의 마음에서 더 쉽게 번성한다. 비합리적이거나 비이성적인 결정도 억울한 사람은 얼마든지 내릴 수 있다.

그러나 억울함에 사로잡힌 개인이 맞닥뜨리는 가장 큰 문제는 괴로움보다는 고립이다. 제아무리 정당한 억울함이라고 해도 그것이 크고 깊어질수록 손을 내밀던 사람들은 곁을 떠나게 된다. 그러므로 억울한 사람들은 억울함이 자신을 잡아먹지 않도록 부단히 노력해야 한다. 상처를 받은 사람임에도 더 큰 짐을 져야 한다. 억울함이란 이토록 불공평한 것이다.

공동체의 관점에서 봐도 억울함은 긍정적이지 않다. 억울한 사람들은 논리적인 설득이나 협상의 대상이 되기 어렵다. 이들은 자신의 억울함을 풀기 위해 사적인 복수를 시도하거나, 상대방의 절멸 혹은 추방을 주장하는 경우가 많은데, 공동체의 입장에서는 수용하기 어렵다. 게다가 상충하는 이해관계보다도 더 조율하기 어려운 것은 상충하는 억울함이다. 어떤 문제에서 억울함이 형성되기 시작하면 합리적인 해결책을 만들어낼 가능성은 현저하게 낮아진다.

음모론의 창궐 역시 억울함과 연결되어 있다. 음모론은 세상이 이해하기 어렵게 돌아간다는 의심이 내가 모르는 어딘가에서 무슨 일이 벌어지고 있다는 확증으로, 그리고 그것이 어떤 거대한 음모 세력의 암약 때문이라는 믿음으로 옮아가는 체계다. 놀랍게도 한국 사회는 이 음모론과 거의 흡사한 현실을 보여주기도 했다. 그러나 음모론은 모든 것이 거악의 권모술수로 귀결되는 체계이고, 거기에는 성찰이 들어설 자리가 없다. 오로지 세상의 진실로부터 내가 소외되어왔다는, 혹은 그럴지도 모른다는 억울함과 조바심이 사람들을 성마르게 만들 따름이다.

한편으로 수많은 가해자들 혹은 기득권자들도 여러 가지 이유로 억울한 척하거나 정말로 억울해한다. 이명박 전 대통령은 구속되던 날 페이스북에 이렇게 시작하는 글을 남겼다. "지금 이 시간 누굴 원망하기보다는 이 모든 것은 내 탓이라는 심정이고 자책감을 느낀다." 하지만 정작 뒤에 이어지는 내용은 반성이 아니라, 잘하려고 했고 실제로 잘했던 자신을 이렇게 고통에 빠트렸다는 식의 주장이다. 그는 스스로를 희생양이나 순교자로 여기고 있는 것으로 보인다. 그의 아찔한 '완전함'은 그만의 것이 아니다. 사회의 저울추가 평등을 향해 꿈틀하기만 해도 기득권자들은 자신들이 '역차별'을 당하고 있다며 억울함을 토로하기 시작한다. 물론 실상은 그들이 그동안 다른 사람을 착취해서나 부당하게 얻어왔던 이득이 줄어드는 것뿐이다. 하지만 이들의 억울함은 그들이 가지고 있는 돈과 지위에 의해서 힘을 얻고, 공익의 반대 방향으로 사회를 끌고 간다.

결국 개인에게나 사회에게나 억울함이란 긍정적인 효과를 만들어내기 어렵다. 이것은 사회를 바꾸는 동력이 되는 감정이라기보다는 사람들을 가두고, 사회를 지체시키는 감정에 가깝다. 하지만 사람들에게 억울해하지 말라고 강요할 수도 없거니와, 한국 사회에는 사회가 해결했어야 하지만 도리어 사회가 증폭시켰던 억울함들이 너무나도 많다.

## 억울함을 넘어서

이 책은 이 사회의 여러 억울함들에 대한 기록이자, 그것을 넘어서기 위한 고민의 흔적이다. 하지만 나 역시 크고 작은 억울함으로부터 조금도 자유롭지 않다. 남의 억울함에 대해 섣불리 말하는 것이 내 눈 안의 들보를 외면하는 처사가 되지 않을까 조심스럽다.

이 책에 실려 있는 글들은 2015년부터 2018년 초까지 쓴 것들이다. 그리고 그 시기를 전후하는 사건들을 다룬다. 대략적으로 2014년의 세월호 침몰에서부터, 2017년 촛불혁명과 2018년 #MeToo까지가 이 책에 담겨 있다고 할 수 있다. 주변 국가들이 유사 독재자들의 권위주의적 통치와 정치적 무력감으로 민주주의의 침체를 경험하고 있는 이 시기에, 우리가 달성한 시민 혁명은 한국의 민주주의가 가진 저력을 보여준다. 그러나 이 놀라운 승리에도 불구하고 억울함의 총량이 얼마나 줄어들었냐고 묻는다면 물음표가 떠오른다. 오히려 혁명의 다음날 아침 변하지 않은 자신의 처지를 깨닫고 더 상처가 깊어진 이들도 있다. 우리는 부패한 지도자를 몰아내는 데는 성공했지만, 사회 곳곳에 드리운 어두움을 모두 몰아내지는 못했다.

그럼에도 분명한 것은 나도, 여러분도, 그리고 이 사회도 언젠가는 이 억울함으로부터 벗어나야 한다는 사실이다. 우리는 더 나은 삶과 공동체를 가질 자격과 권리가 있다. 그러나 마찬가지로 더 나은 삶과 공동체를 만들 의무도 있다. 억울함은 오늘날 한국의 개인과 사회 앞에 놓인 가장 큰 시련이자 시험이다. 이것을 어떻게 해소하고 극복하느냐에 따라서, 우리들의 미래는 모습을 드러낼 것이다. 그리고 이 책은 그 단서를 마련하기 위한 퍼즐 조각과도 같은 것이다.

나는 아직 답을 얻지는 못했다. 하지만 그것의 최소 조건이 무엇인지에 대해서는 이제 알 것 같다. 그것은 스스로의 진실을 향하여 나아가길 원하는 용기와 의지다. 스스로를 몰아세우지 않으면서, 혹은 자기 연민이나 자기기만에 빠지지 않으면서 한 사람의 몫을 온전히 살아낼 수 있다면, 우리는 다음 단계로 나아가기 위한 준비 정도는 마친 셈이 될 것이다.

모든 것을 해결해줄 어른이나 영웅은 없다. 결국 우리 모두가 세상을 조금씩 나눠 짊어져야 한다. 그러기에 이제 우리는 우리들의 억울함을 똑바로 봐야 한다.

이제, 어른이 될 시간이다.

2018년 봄
재개발로 곧 사라질 수색동에서
최태섭

차례

# 2016

# 2017

**2017.8.26. 북한, 동해상으로 대륙간탄도미사일 3기 발사**

# 2018

**2018.01.29. 서지현 현직 검사 법조계 내 성폭력 폭로**

# 2015

대체 누가 무엇을 위해서

이 고통을 참고 견디자고 감히 말할 수 있을까

2014.04.16

세월호 침몰

2014.08.15

세월호 특별법 제정을 위한 범국민 대회

2015.05.20

메르스 감염자 발생

# 우리들의 뜨겁고 정치적인 거리
_ 광장의 계보학

#촛불시위

촛불시위는 2000년대 이후 한국 정치의 방향을 결정해왔던 핵심적 사건이다. 2002년, 2008년, 2016년에 각각 일어났다. 투표를 제외하고 가장 영향력 있는 시민들의 정치 참여 방식으로 자리 잡았다.

⊙------- 나는 군에서 전역한 주 주말에 이 글을 쓰고 있다. 지난 21개월간 국가의 강제격리 덕분에 나는 수많은 사회의 풍파를 비껴갈 수 있었다. 그리고 이 혼돈의 카오스 속에서 나는 그 풍파를 직접 맞고 있는 사람들과 그들을 돕기 위해 나선 이들에 대해 쓰게 되었다. 군인의 시위 참여는 법으로 엄중히 금지되어 있기 때문에, 나는 간간이 전해지는 뉴스를 통해서나 그 익숙한 얼굴들을 지켜보곤 했다. 사람들은 굴뚝과 첨탑을 기어오르고, 엉덩이에서 뿌리라도 돋아난 듯이 길바닥을 지키고, 매일같이 폭력, 분노, 무력감 같은 것과 사투를 벌이고 있었다. 그리고 나는 그 지난한 싸움들을 다시 한 번 살펴보며 사바세계로의 귀환을 실감했다.

'헬조선'이라는 단어가 유행 중인 오늘날의 한국 사회에 아무 문제도 없다고 느끼는 사람은 별로 없을 것이다(있다면 부럽다고 생각한다). 사실 2000년대의 한국 정치는 거의 대부분 의회나 청와대가 아니라 길에서 이루어졌다. 가장 큰 이유는 믿을 수 없기 때문이다. 권력은 부패와 무능의 왈츠를 추고, 자본은 국민에게 갑질을 하느라 여념이 없다. 거의 모든 게 눈 가리고 아웅이고, 가려지지 않는 눈은 찌르려 든다. 선거도 여론조사도 믿을수 없다. 어쩌겠는가, 직접 나갈밖에.

이렇게 해서 2000년대 한국 정치의 핵심에 있는 것은 광장의 계보학이다. 그러나 그 광장은 1987년의 그것과는 좀 다르다. 2002년 월드컵을 경유하면서 그해 겨울 처음으로 모습을 드러낸 광장 위의 촛불시민들은 엄숙함이나 비장함 같은 것을 별로 좋아하지 않았다. 깃발은 내리고 노조 조끼는 벗어야 한다. 시위가 아니라 축제여야 하며, '전문 정치꾼'들은 선동으로 시민들의 순수성을 해쳐서는 안 된다. 길이 막히면 돌아가고, 연행을 '닭장투어'라 부르며 킥킥대고, 집회가 아니라 문화제를 열어 춤추고 노래하는 새로운 정치가 도래했다. 한국 사회의 중요한 정치적 분기마다 광장에는 촛불이 타올랐다.

그런데 또 하나의 정치적 계보가 있다. 나는 이것을 '길바닥의 계보'라고 부르려 한다. 길바닥은 이름만 대면 다 아는 대기업에서부터 난생 처음 들어본 중소기업까지, 서울 구도심의 허름한 자영업장에서부터 밀양의 농촌 마을까지 뻗어 있다. 이들은 대체로 자신들이 속해 있던 집, 직장, 가게들로부터 하루아침에 내쳐진 사람들이다. 이들 역시 광장의 시민들처럼 보통 사람이었다. 어쩌면 먹고사느라 바빠서 광장에는 기웃거릴 엄두조차 못내던 평범한 생계형 인간들이었다. 그러나 지금 그들은 몇 년이 넘도록 그 고색창연하고 무시무시한 '투쟁'을 벌이며 길바닥을 떠나지 못하고 있다.

둘 다 한국 사회의 자타공인 불평·불만 세력이라는 공통점에도 불구하고, 이 광장과 길바닥 사이에는 꽤나 간극이 있다. 물론 이 둘을 이어보려는 많은 시도가 있었다. 그러나 한진중공업 해고 노동자 투쟁을 지지하기 위해 이루어졌던 '희망버스' 정도를 제외하면 광장의 시민들이 길바닥의 투쟁에 동참하는 일은 드물었다. 게다가 그 드문 만남들도 그다지 유쾌하지 못했다. 문제를 일으키는 이들의 프로세스는 대체로 다음과 같았다. 1.나는 지금 몹시 정의롭다. 2.그러므로 내가 하는 모든 행동도 정의롭다. 3.나는 반드시 내 손으로 정의를 이룩하고야 말겠다. 4.그리고 여기에 있는 이들도 정의롭기 때문에 나의 모든 행동을 이해할 것이다.

이것에 대해 걸핏하면 장기 농성장에서 알 수 없는 일을 하고 있는 한 기독교인(이렇게 써달라고 말했다) 친구와 이야기를 해보았다. 그는 대번에 농성장에서 벌어지는 소란의 3대 원인이자

주의 사항을 읊어주었다. "1.경찰을 때리지 마라. 2.성차별적 행위나 언행을 하지 마라. 3.어리다고 함부로 대하지 마라." 요는 정의감과 흥분에 가득 차서 무엇이든 해도 된다고 여기는 태도가 불필요한 사고를 만들고, 결국 투쟁 당사자들과 활동가들을 더 힘들게 만든다는 것이다. 정권 퇴진을 외치는 것보다 고작 몇 사람의 삶을 돌려놓는 것이 몇 배나 어렵고 기나긴 싸움이라는 것을 인지하지 못한다면, 또 그곳에 있는 이들에게 돌아갈 곳이 없다는 것을 인지하지 못한다면, 선의는 남은 이들에게 더 큰 상처만을 안겨줄 수도 있다.

이런 문제가 있으니 아무것도 하지 말자고 말하는 것은 결단코 아니다. 도움이 필요한 곳은 넘쳐난다. 그러나 '생각해야 한다.' 사유 없는 선의가 언제나 제일 큰 사고를 치기 때문이다. 사실 광장도 길바닥도 모두 박탈(감)과 불안이라는 공통적인 감정을 기반으로 삼고 있다. 최소한의 합리가 존재하는 시대였다면 그 누구도 뛰쳐나오지 않았을 곳이다. 그러나 자신과 같은 생각을 하고 있는 다른 사람들을 만날 수 있다는 것은 매우 귀중한 경험이다. 어쩌면 그 혹독함을 견디며 거리를 지키는 모두는, 아주 조금이나마 맛본 연대라는 경험의 절실함과 달콤함에 빠져든 것일지도 모른다.

문제는 우리의 지독한 나르시시즘이다. 우리는 거리에서 자꾸만 '타인'이 아니라 '나 자신'을 찾으려고 애쓴다. 광장에서 마주

친 수많은 얼굴들은 오로지 '내가 틀리지 않았다는 것'을 증명하는 증거로 사용되었을 뿐, 타인과의 연대로 향하는 통로가 되지 못했다. 광장이 자신의 '순수성'을 지키겠다고 선언하며 도움을 요청하는 길바닥으로의 흘러넘침을 거부했을 때, 도리어 광장은 닫혔고 고립되었다.

중요한 것은 축제 같은 저항을 즐기는 것이 아니다. 사람들은 집으로, 그리고 자신의 삶으로 되돌아가기 위해 그곳에 남아 있다. 그러니 길 위에서 삶을 돌려달라고 외치는 이들과 연대하고 싶다면 나의 정의감보다 그들의 삶을 우선해야 한다. 이렇게까지 하면서 이들과 함께해야 하는 이유는 명확하다. 그들이 앉아 있던 자리가 깨끗하게 치워지고 그 흔적이 무언가로 덮여 매끄러워지는 그 순간이 우리 모두의 패배의 날이 될 것이기 때문이다.

* 〈하퍼스 바자 코리아〉 2015.09.

# 불신
# 지옥
## _ 나는 당신을 믿지 않는다

### #소통 #답정녀

소통은 민주화와 신자유주의 양자 모두가 강조했던 새로운 가치였다. 상명하복이 아니라 평등한 의사소통이 중요해졌고, 커뮤니케이션 능력이 현대 자본주의 사회에서 필수적인 능력이 되었기 때문이다. 하지만 전자는 '답정녀(답은 정해져 있으니 너는 말하기만 해)'식 소통을 증가시켰고, 후자가 강조한 지나친 연결성은 사람들을 소통 노이로제에 빠져들게 만들었다.

⊙------- 오늘날 한국 사회에 만연한 불신이 어제 오늘 갑자기 생겨난 것은 아니다. 어쩌면 불신이야말로 시간의 흐름에 따라 축적되어온 이 사회의 가장 커다란 유산이라고 할 법하다. 물론 불신 자체가 나쁜 것은 아니다. 합리적인 의심은 인류의 발전에 가장 크게 이바지한 인간의 몇 안 되는 덕목 중 하나다. 덮어놓고 믿어버리는 것이 초래하는 폐해는 사사건건 못 믿겠다며 태클을 거는 이들이 주는 짜증 정도는 애교로 보일 만큼 거대하다.

그럼에도 불구하고 지나친 불신이 문제가 되는 것은 그것이 삶을 매우 지치게 만들기 때문이다. 매번 물건을 구매하면서 이 사람이 나를 속이지 않을까 고민하고, 음식을 먹으면서 여기에 독극물이 들어가지 않았을까 고민하고, 친구를 만나면서 이 자가 내 뒤통수를 치려고 음모를 꾸미고 있지 않을까를 고민해야 한다면 삶이란 고통일 뿐 달리 아무것도 아니다. 그러므로 살기 위해서 의심은 필요할 때 켜지고 또 필요 없을 때는 꺼져야 한다. 이 의심의 작동을 관장하는 것은 나의 개인적인 성향만이 아니라, 궁극적으로는 사회 전반의 신뢰도와 합리성이다. 일이 예측할 수 있는 방식으로 투명하게 돌아가고, 제기되는 의혹들이 말끔하게 해명되고, 완벽하진 않더라도 돌발 상황에 대처할 수 있는 시스템이 갖추어져 있는지 같은 기준들이 이에 해당한다.

이 기준들과 사회 전반에 깔려있는 불신의 농도로 비추어보면 오늘날의 한국 사회는 그야말로 불신지옥이다. 서로를 믿지 못하는 이들이 서로에게 기꺼이 만들어주는 지옥이 펼쳐져 있다. 세대, 성별, 계급, 인종 등 인간에 대한 거의 모든 분류에 걸쳐 불신이 지배한다. 그중 가장 못 미더운 것을 꼽자면 '국가'다. 이젠 기억도 가물가물한 미국산 쇠고기 수입 문제부터 시작해서, 4대강, 세월호, 메르스 등등에서 국가는 어느 것 하나 제대로 대처하지 못했다.

그나마 2008년에 사람들은 어쩌면 무언가를 바꿀 수 있지 않을까라는 실낱같은 희망을 가지고 광장을 지켰다. 그러나 세월호 사태는 사람들의 가슴에 상처와 조용하고 차가운 불신을 남겼다. 메르스 사태에서 정부가 보여준 통제력의 상실은 사람들이 국가가 하는 말을 그냥 듣지 않기로 했다는 사실에서 비롯된 것이다. 거기다가 대통령의 행보에 맞추어 각 기관에서 벌였던 어설픈 의전쇼를 통해 스스로를 웃음거리로 만든 덕에, 위기상황이라는 특수한 국면에서마저도 국가는 별다른 힘을 발휘하지 못했다.

이유를 따지지 않을 수 없다. 물론 수많은 사건들이 발생하면서 사람들에게 남겼을 상처가 있을 것이다. 사실 아무리 예방을 한다고 해도 사건의 발생 자체를 막는 방법은 어디에도 없다. 문제는 가능한 상황들에 대한 적절한 예방 조치와, 사건이 터진 이후에 그것을 해결하고 수습하는 과정이다. 그리고 이 문제들에서 한국 사회는 불신의 악순환에 빠져 허우적거리고 있다.

악순환의 첫 번째 이유는 진실의 제도적 붕괴다. 대체로 한 사회에서 어떤 진실의 여부를 최종적으로 판단하는 역할을 하는 것은 언론과 사법기관이다. 그러나 우리가 일상 속에서 진실을 판단하는 것은 개개인의 합리성 수준에서 마무리되어야 한다. 언론이나 법원의 힘을 빌어 어떤 것을 진실인지 판명하는 것은 그야말로 최후에 하는 일이다. 하지만 최근 한국 사회에서는 사회가 아니라 언론과 법원이 온갖 분쟁과 진실 여부를 판단하는 역할을 지나치게 자주 맡고 있다. 즉 사회 구성원 간의 대화와 합의로 결정되어야 하는 상황이 모두 공표와 사법 판결이라는 방식으로 이루어지고 있는 것이다.

그런데 지난 시간 동안 이 두 기관의 위상은 오히려 점점 추락해왔다. 일부분 이것은 해당 기관들이 가지고 있던 지나친 특권들이 민주화에 의해서 사라졌기 때문에 그렇게 보이는 것이기도 하다. 하지만 결정적으로는 이 기관들이 공공의 이익이 아니라 자기 스스로의 이익에 복무하고 있다는 것이 그간의 행보들 속에서 밝혀졌기 때문이다. 언론은 자신이 옹호하는 세력을 위해서라면 사실까지 어그러뜨리고, 사법부는 매 정권마다 눈치를 보며 어디로 가는 것이 사법부와 그 내부의 분파적 이익을 도모할 수 있는 길인지를 찾아왔던 것이다.

덕분에 오늘날의 대부분의 진실은 평행선을 따라 서로 다른 두 개의 버전으로 존재한다. 어떤 것들은 비교적 한쪽의 편을 들기 쉽지만, 어떤 것은 그렇지 않다. 특히나 이 두 기관이 객관과 공정의 탈을 쓰고 기울어진 결론들을 계속해서 생산해내는 한에는 이런 평행선 위의 진실들이 더욱더 증가할 수밖에 없다.

이렇게 진실의 제도들이 붕괴한 것에 이어, 악순환의 두 번째 이유는 소통의 공회전이다. 최근 유행했던 대통령 담화 따라 하기를 떠올려보자. 오늘날 책임 있는 사람들의 말이 담고 있는 단 하나의 핵심은 나는 당신들과 말하지 않겠다는 것뿐이다. 논점 이탈, 책임 회피, 눈 가리고 아웅이 지켜야 하는 형식이라도 되는 양 거의 모든 공식적 담화에 포함되어 있다.

거의 범람에 가깝게 사용되는 소통이라는 단어의 용법 역시 '내가 듣기 좋은 말을 하지 않으면 너의 말은 다 거짓말이고 난 너와 대화를 하지 않겠다'에 가깝다. 스타일과 태도가 내용과 의미를 압도하고, 권력관계가 소통의 결과를 미리 결정한다. 요컨대 '답은 정해져 있고 너는 말하기만 하면 돼'가 소통의 표본이 되어버린 것이다.

그래서 소통은 오늘날 매일같이 발생하고 있는 수많은 문제들을 해결하는 해법으로서의 지위를 완전히 잃어버렸다. 사람들이 주목하는 것은 소통의 이면에 있는 파워 게임이고, 어떻게 하면 이미 이겨놓은 상황에서 대화를 시작할 수 있을까에 대한 전략적 모색뿐이다. 때문에 정작 소통이라는 행위를 통해 뭔가가 이루어질 수 있을 거란 희망은 거의 존재하지 않는다. 이런 껍데기뿐인 소통 타령은 도리어 소통에 대한 노이로제를 낳았다. 이제 사람들은 소통의 중요성 운운하는 소리가 들려올 때마다 몸서리를 치며 또 그 끔찍한 요식행위를 웃는 낯으로 해야 한다는 사실에 괴로워한다.

이렇게 믿을 수 없는 세계에서는 오로지 냉소만이 답이다. 괜히 무언가를 믿었다가 그게 잘못되어 스타일을 구기고 상처를 받느니, 모든 것을 비웃고 모든 것을 불신하며 사는 것이 속 편하다. 우리는 고슴도치처럼 냉소를 몸에 두르고 서로가 서로를 찔러가며 유일한 소통의 양식이 되어버린 상처만을 주고받는다.

이렇게 고만고만한 이들이 냉소 배틀을 벌이는 동안, 이 모든 불신의 근원인 국가와 자본은 여유롭게 우리가 올라서게 될 거대하고 뜨거운 불지옥을 달구고 있다. 믿을 수 없기 때문에 믿지 않기로 한 것이라는 지극히 당연한 귀결임에도, 삶은 언제나 우리에게 더 깊은 바닥이 있다는 것을 확인시켜주고야 만다. 우리가 이 불신의 늪을 비집고 올라설 방법을 찾지 않는 한, 헬조선은 나날이 '핫해질' 것이다.

* 〈교육과 사색〉 36호, 2015.10.01.

# 어떤
# 사진

⊙------- 김민 씨는 사진을 찍는 20대 남성이다. 그는 얼마
전 국가로부터 지로용지를 하나 받았다. 적혀 있는 것은 500만
원의 벌금을 납부하라는 내용이었다. 이른바 '일반교통방해죄'
라는 죄목으로 부과된 것이었다.

사연은 이렇다. 그는 2014년 8월 15일 세월호특별법 제정을
위한 범국민 대회에 카메라를 들고 나갔다. 그는 체포되지도 않
았고, 별다른 일 없이 집회를 마쳤다. 그런데 9개월 뒤인 2015년
5월에 그는 일반교통방해죄 사건으로 경찰에 출석요구를 받는
다. 조사를 받는 과정에서 그는 본인으로 추정되는 사람의 사진
6장을 증거자료로 보았다. 그리고 그로부터 5개월이 지난 2015
년 10월 20일에 그에게 500만 원짜리 벌금 통지서가 날아온

것이다.

벌금 500만 원이 어떤 죄의 값인가 싶어서 이리저리 찾아보니 성추행, 묻지마 폭행, 음주운전, 횡령, 리베이트 같은 죄목들이 나온다. 그는 그저 자신의 의견을 표명하고, 또 기록하기 위해서 거리로 나섰다는 이유로 저런 죄들과 비슷한 대가를 치르게 되었다. 게다가 국가가 그를 '찍은' 방법을 보니 더 기가 막힌다. 그는 과거 여러 투쟁 현장이나 집회 현장에 찾아갔던 경험이 많은데, 그때 국가는 그를 '채증판독프로그램' 데이터베이스에 추가했다. 그리고 2014년 8월 15일 경찰은 교통용 CCTV 등을 통해 집회를 부지런히 채증했고, 그 채증 자료를 가지고 프로그램을 사용해 김민 씨를 찾아낸 것이다. 이런 최첨단을 달리는 경찰력 덕분에 오늘도 우리들의 '일반교통'은 안전하다.

사실 김민 씨만 이런 일을 겪은 것이 아니다. 얼마 전 성공회대학교에서 교수들이 제자들의 벌금을 대신 납부하겠다고 해서 화제가 된 적이 있었다. 그 학생들 역시 마찬가지다. 자신의 의견을 표명하기 위해서 집회나 시위에 참석했고, 그 행적이 모조리 채증당해서 소환장이나 벌금 통지서로 차곡차곡 돌아왔다. 나는 21세기에 대학생이 정치적인 이유로 수배를 당할 수 있다는 생각을 해본 적이 없는데, 놀랍게도 그중에는 벌금을 못 내서 수배된 사람도 있었다. 그렇게 쌓인 벌금이 3000여만 원. 이것은 혹시 '반대의견 유료화'를 통한 세수 확보라는 창조경제의 일

환인 것일까?

박근혜 정권의 가장 큰 장기는 질리게 만드는 것이다. 연일 책임 있는 사람의 입에서 나올 것이라고는 상상조차 할 수 없었던 말과 행동들이 쌓여가는 가운데, 그에 반대 목소리를 내는 이에게는 수단과 방법을 가리지 않는 처절한 보복이 돌아온다. 그래놓고 이 모든 반대들이 사실은 "다 역사를 잘못 배워서 그렇다"며 역사 교과서를 바꾸겠다고까지 나선다. '올바름', '공정', '독재 타도' 같은, 한때 우리가 민주주의를 위해 외쳤던 단어며 개념들도 이들의 입에서 쏟아져 나온 배설물들로 오염되었다. 이들은 이렇게 말을 빼앗고 손발을 묶고 역사를 바꾸어 반대자들이 없는 깨끗하고 청정한 대한민국을 꿈꾼다.

저들의 강고한 힘보다도 더 압도적인 후안과 무치의 장벽 앞에서 나의 글, 아니 대체 모든 글과 말이 무슨 쓸모가 있는가? 저들이 한국 사회에 남기고 있는 수많은 생채기 중에서도 아무것도 믿을 수 없고, 아무것도 소통할 수 없다는 불통과 불신에 대한 냉소적인 믿음은 너무나도 치명적이다. 모두가 미세먼지보다 더 짙은 무기력을 뒤집어쓰고, 묵묵히 입을 닫고 밥이나 벌어먹는 것에 만족하는 그런 세상의 도래가 이 독버섯 같은 믿음 속에서 피어날 것이다.

마지막으로 궁금한 것 하나. 청년들이 시위와 투표를 안 해서 일이 다 이렇게 되었다고 주장하던 이들은 이런 이야기에 대해서 어떻게 생각할까? 얼마 전, 지나가던 한 '어른'은 바로 그 3000만 원의 벌금을 짊어진 학생들이 교내에서 벌였던 행사 사진을 인터넷 기사에서 보고 참가자들이 진지하지 못하게 '웃고 있다'며 불만을 표출하는 댓글을 달았다. 이제 이야기를 좀 확실히 해둘 필요가 있다. 저들을 구할 방법을 찾지 않을 셈이라면 앞으로는 입을 다물기 바란다. 꼰대질에도 최소한의 '노오력'이 필요하다.

＊〈경향신문〉 2015.10.30.

# 표절의
# 풍경들

#표절 #지적재산권 #불펌

**2015.06.16. 소설가 신경숙의 단편소설 〈전설〉(1994) 표절 논란이 불거지다.**
**2015.08.06. 화가 천경자가 타계하자 〈미인도〉 위작 논란이 재점화되다.**

⊙------- 표절에 대해서 내가 할 수 있는 가장 확실한 이야기는 우리 사회에 합의된 표절의 기준 같은 것이 없다는 점이다. 작가, 고위 공직자, 연예인, 예술가, 학자, 기업, 디자이너 등등 수많은 이들이 하루가 멀다 하고 표절 논란에 휩싸인다. 그 수많은 의혹들은 따지고 보면 다른 성격을 가지고 있는 경우가 많지만, 대체로 표절이라는 단어가 등장하고 나면 명암을 가릴 시간도 없이 비난과 잡아뗌이 난무하는 싸움판이 벌어진다.

그리고 이것이 모든 불행의 씨앗이다. 우리는 매번 마땅한 기준도 없이 싸우고, 그 싸움에는 마땅한 결말도 없다. 그리고 나는 이 지리멸렬한 표절과 그것을 둘러싼 소란이야말로 우리의 문화가 처한 어떤 곤경을 잘 나타내고 있다는 생각이 든다.

## 표절자들

왜 표절을 하는 사람들이 생겨나는 걸까? 물론 그것을 통해 얻게 될 이득 때문이다. 새로운 것을 만들어내는 데에는 많은 시간과 자원이 필요하다. 그러나 한 번 만들어진 것을 모방하는 것은 새로운 것을 만들어내는 노력에 비해서는 훨씬 간단하다. 게다가 대부분의 경우 표절은 이미 검증된 것들을 베끼기 마련이다. 다른 사람의 성취를 대가를 치르지 않고 가져옴으로써, 새로운 것을 시도했을 때의 위험부담과 비용을 줄이고 이익을 도모한다는, 그야말로 완벽하게 이기적인 기획이다.

한국의 '근대화' 그리고 '산업화'는 따지고 보면 표절로 이루었다. 심지어 그 표절은 일본의 표절을 표절한 것이었다. 일찍이 일본이 표절로써 근대를 만들어냈고, 한국은 그런 일본을 표절하여 근대를 만들어냈다. 미국의 전자 제품을 소니가 베꼈고, 그 소니의 제품을 삼성이 베꼈다. 지금은 삼성과 애플의 제품을 중국의 기업들이 베낀다. 인터넷에서는 중국이 급속한 산업화-자본화 과정에서 보이는 표절의 관행들을 '대륙의 기상' 시리즈로 만들어 비웃는다. 물론 이런 웃음은 얼마 안 가 다른 사람이 올린 '반도의 기상'을 보며 쓴웃음으로 바뀐다.

이런 '표절의 표절' 같은 씁쓸한 말장난은 어떤 시차를 드러낸다. 서구의 발전된 자본주의국가를 모델로 하는 하나의 길이 있고, 그 길을 질주하는 여러 명의 주자들이 있다. 그들은 서구를 추월하길 바라지만, 서구의 자본주의국가는 그 자체가 기준이자 심사위원이지 주자는 아니다. 결국 이 주자들 중 아무도 원하는 바를 이룰 가능성은 없다. 이 타임라인에서 표절은 그 시차를 극복해보려는 가련한 몸부림이거나, 혹은 그 같은 시간을 살아가는 사람들에게 너절하게 복제된 미래(즉 서구-자본주의국가)의 맛을 보여주고 돈을 버는 기회주의적 행태다.

## 지적재산권과 권력

하지만 세상은 변한다. 변하는 타이밍은 서구가 위기에 빠지거나, 쫓아오던 비서구가 더 이상 무시하지 못할 만큼 성장했을 때 혹은 둘 다이다. 서구가 부여하는 것은 지적재산권이라는 이름의 소유권을 인정하고 실행할 의무다. 그간 암묵적으로 공짜로 제공해왔던 아이디어들을 이제부터 팔겠다는 선언이다.

이 선언은 일견 이상할 것이 없어 보인다. 어떤 사람의 탁월함에 대하여 정당한 대가를 지불하자는 것이니까. 가령 수많은 비운의 천재들에게 저작권이 있었다면 그들은 행복한 여생을 누렸을 것이다. 그러나 이 이야기에는 함정이 있다. 새로운 것들을 생각해내려면 눈에 보이지 않는 것들을 포함해 많은 자원이 필요하다. 또한 그 자원에는 과거의 아이디어들과 광범위하게 공유되는 주인 없는 것들이 포함되어 있다. 그런데 어느 날 갑자기 누군가가 찾아와서 그것들에 자물쇠를 걸고 유료화를 선언하는 것이다.

먼저 적응하고, 먼저 축적한 이들에게 유리한 게임이 시작된다. 가령 지적재산권과 관련된 다국적기업들의 악행을 생각해보자. 이 게임은 공정한 경기장에서 열리는 것이 아니다. 이미 만반의 준비를 갖춘 자들은 남의 것을 약탈해놓고 저 사람이 도둑질을 했다고 주장하는, 시공을 초월하는 일도 할 수 있다.

요컨대 모든 아이디어에 소유권과 가격을 붙이자는 공평해 보이는 주장은 실제로는 공평하지 않다. 표절의 문제 역시 현존하는 권력관계의 자장 속에서 이래저래 왜곡된 모습으로 존재하고 있다. 즉 법과 더 가깝고, 더 많은 자원이 있는 쪽에 일방적으로 유리한 방식으로 흘러가게 마련이다. 한 개인의 천재적인 아이디어를 지재권이 보호해서, 그를 벼락부자로 만들어주는 낭만적인 이야기는 생각만큼 많지 않다. 오히려 일반적인 풍경은 사들인 수천 개의 특허로 무장하고 약자에게 소송을 휘두르는 다국적기업의 폭거다.

## 반도의 기상

물론 이런 논리가 곧바로 한국에서 아직도 공공연한 '표절 관행'을 옹호하는 논리가 될 수 있는 것은 아니다. 표절 문제는 언제나 개개인의 도덕성의 문제인 것처럼 다루어지고 있지만, 그 이면에는 그것이 가능하게 했던 권력의 불균형, 경제성의 논리, 창작에 대한 무시 같은 것이 존재하기 때문이다. 게다가 문제는 하나의 창작물이 너무 아름답고 탁월해서 자기도 모르게 베끼는 그런 감화적인 형태의 표절이 아니다. 남의 것이거나 말거나 당장의 비용을 줄이기 위해 주로 정부, 기업 등에서 행하는 채굴형 혹은 약탈형 표절이 근본적인 문제다.

한국 사회에 만연한 표절을 설명하는 방법으로 '저런 것 좀 만들어봐 주의'를 생각해볼 수 있을 것이다. 어디서 무언가를 보고 사장이 "저런 것 좀 만들어봐"라고 말한다. 그러면 저런 것을 만들기 위해 원본을 가져다 놓고 이리저리 굴리며 궁리를 해 요소요소를 조금씩 바꾼다. 결국 매우 비슷하고, 법적으로는 표절이라고 말하기에 애매하지만, 표절임을 모르기가 어려운 그런 얼토당토않은 결과물이 등장한다.

게다가 최근에는 유명한 것을 베끼면 표절 논란이 일어나기 때문에, 아마추어들의 창작물을 가져와 짜깁기하는 방식이 유행 중이다. 유명 게임회사들이 아마추어들의 그림을 무단으로 가져와 사용하다가 들키거나, 공모전 등에 제출되었던 내용을 몰래 상업화하거나, 인터넷에 올라온 사진을 허락 없이 사용하는 등 사례는 끝도 없이 많다. 일단은 빨리 만들면 그만이고, 만약에 걸려도 어차피 개인들이니 윽박지르거나 합의금이나 몇 푼 쥐어주면 된다는 생각이고, 무엇보다도 안 걸리면 장땡이다. 게다가 만에 하나 돈을 준다고 해도 열정페이가 되기 십상이니, 창작자들은 모두 '대륙'으로 넘어갈 방법을 찾기에 바쁘다. 기왕에 인정받지 못할 공로라면 돈이라도 더 많이 주는 곳으로 가는 것은 당연한 일이 아니겠는가?

한국 사회에서 횡행하는 표절 문제의 핵심 역시 창작자에게 정당한 보상이 돌아가지 않는 구조이지 지재권의 문제는 아니다. 이 두 개는 같은 것처럼 보이지만, 사실 그렇지 않다. 지재권이 관심 있는 것은 모든 아이디어와 창작물에 소유권을 두는 것이고, 그 과정이 어떤지는 별로 신경 쓰지 않는다. 그 과정에 투여할 자원들이 많은 기업이나 국가는 자신들에게 유리한 결과를 이끌어낼 수 있다. 그러나 당장 하루하루 일하고 먹고살기도 바쁜 사람들이 자신의 권리를 위해 법리적 싸움을 감당할 수 있을 리는 만무하다. 게다가 기업과 국가는 계속해서 새로운 대응 방안을 찾을 수 있다. 오랫동안 창작자들에게 강요되었던 저작권 양도 관행 같은 것을 생각해보면 이것을 지재권이 보호해줄 수 있을 리 없다. 관행을 만들어내는 힘의 불균등에 대해서 이야기하지 않는 다음에야, 그 저작물은 어디까지나 해당 기업의 '지적 재산'일 뿐이기 때문이다.

## 표절의 반대자들

상황이 이렇다 보니 표절에 대한 혐오에 가까운 반응들을 이해하지 못할 것도 아니다. 이것은 주로 예비창작자나, 혹은 그 분야의 열렬한 소비자들에게서 많이 나타난다. 이들은 표절을 범죄라고 규정하고 때로는 지나치게 가혹한 기준과 방식으로 혐의를 받고 있는 이들을 몰아세운다. 이들이 느끼는 것은 창작자로서의 자신의 미래와 자신이 애호하는 분야가 어느 날 갑자기 사라져버릴 수도 있다는 불안이다.

그러나 표절, 아니 그에 앞서 창작에 대해 이들이 갖는 인식은 어떤 문제들을 가지고 있다. 먼저 창작의 고유성을 지나치게 강조하기 때문에, 이들은 대부분의 작품과 창작물들이 무언가를 참조하고 있다는 사실을 종종 표절의 문제와 혼동한다. 아쉽게도 혼자만의 영감으로 전혀 새로운 무언가를 창조해내는 식의 천재는 거의 존재하지 않았고, 모든 천재는 사회적 맥락 속에서 어떻게든 영향을 받으면서 생겨난다. 그러므로 어떤 고유성에 지나친 지위를 부여하려는 시도는 오히려 창작 그 자체에 대한 금지 행위가 될 수도 있다.

게다가 권리 보호가 오로지 지재권을 지켜야 한다는 측면에서만 이루어지는 것도 우려의 요소다. 창작물을 사람들이 좀더 자유롭게 이용할 수 있으면서도 창작자에게 적절한 보상이 돌아가는 방식 같은 것을 고민해볼 수도 있지 않을까? 기업이나 국가 같은 거대 조직의 약탈에 맞서 할 수 있는 다른 일들이 있지는 않을까? 더 확실한 상업화와 더 확실한 저작권 관리만이 해법일까?

물론 이런 책임을 이들에게 지우는 것은 부당한 일이다. 이런 문제를 고민해야 하는 국가는 오히려 앞장서서 창작자들의 성과물을 약탈하기에 바쁘다. 이런 약탈은 결국 미래에 대한 약탈이고, 국가, 시장, 노동 모두를 예정된 실패로 몰아가고 있다.


## 밑도 끝도 없는 싸움


다시 한 번 말하자면 이 모든 혼란스러운 이야기는 우리가 기준을 가지고 있지 않기 때문에 벌어지는 것이다. 그리고 기준을 잡기 어려운 것은 그 행위 자체가 너무나도 다양한 형태로 벌어지기 때문이다. 표절의 주체도 국가부터 개인에 이르기까지 다양하고, 표절의 대상도 다양하며, 표절의 양상 역시도 그렇다. 무엇보다도 '어떤 것'까지를 '누군가의 것'으로 규정할 것인지는 여전히 논쟁의 대상이다. 저작권 보호 기간이 사후

50년에서 70년으로 늘어나는 데는 어떠한 과학적인 이유도 필요하지 않았다. 오로지 다국적기업들의 로비와 압박이 있었을 뿐이다.

그러므로 섣불리 결론을 내는 대신에 다른 이야기를 해보려고 한다. 사람들은 아주 오래전부터 진짜와 가짜, 원본과 복제를 구분하는 문제에 혈안이 되어 있었다. 하지만 진짜와 가짜를 구분하는 일은 녹록치 않다. 오래된 TV쇼 〈진품명품〉을 생각해보자. 몇 대에 걸친 소중한 가보라고 생각했던 것이 단돈 몇천 원짜리 모작임이 판명 나는가 하면, 집에서 굴러다니던 애물단지가 진품임이 밝혀져 갑자기 엄청난 가격의 보물이 된다. 진짜를 구분하는 감별사들이 첨단 과학기술을 동원하면, 가짜를 만들어내는 위조범들도 속여 넘기는 첨단 과학기술을 동원한다. 그러니 자신 있게 어떤 것이 진짜라고 말하는 것은 얼마나 어려운가? 어쩌면 오늘날 사기꾼의 새로운 기준은 자신을 비롯한 어떤 것들에 대해서 너무나도 당당하게 진짜라고 말하는 능력이 아닐까?

하지만 진짜와 가짜가 구분된다고 해서 문제가 해결되는 것도 아니다. "이 변기는 마르셀 뒤샹의 '샘' 진품이다"라는 진술은 대체 어떤 의미인가? 왜 그것과 똑같은 모양의 변기에 비슷한 사인을 하면 안 되는가? 혹은 그것과 전혀 다르게 생긴 변기에 우리집 강아지 이름을 써넣는 것은 왜 안 되는가? 루브르박

물관의 모나리자와 내 방 티슈곽에 그려진 모나리자, 혹은 구글 이미지에서 찾아주는 수많은 고화질의 모나리자의 차이는 무엇인가? 허름한 모자를 뒤집어쓴 세계적 바이올리니스트의 길거리 연주를 외면했던 이들은 어떨까? CD와 MP3의 음질을 구분하지 못했던 음향 전문가들은 또 어떤가? 어쩌면 진짜라는 것은 그저 일종의 형식인 것은 아닐까?

이런 상황도 진짜에 대한 사람들의 열망을 막지는 못했다. 뒤샹의 샘은 1917년 분실되었고, 1964년 이탈리아의 슈바르츠 갤러리에 의해서 8개가 복제되었는데, 1997년 소더비에서 그중 하나가 176만 2500달러에 팔렸다. 워홀의 실크스크린 작품들도 진품 대접을 받으며 어마어마한 가격에 팔리고 소장된다. 화제를 몰고 다녔던 그래피티 아티스트 뱅크시(Banksy)도 자신의 작품이 비싼 값에 팔리는 것을 막지는 못했고, 대신 미술 시장을 이용하기로 했다.

물론 이런 거래에는 기묘한 경제 논리가 포함되기 마련이다. 미술 작품이 자본의 투기적 자산 목록에 올라가기 시작한 것은 이미 오래전 일이다. 때때로 많은 돈을 주고 무언가를 구매하는 행위 자체가 더 많은 돈을 벌어들이는 방법이 되기도 한다. 그러나 단지 돈의 문제만은 아니다. 어쩌면 이런 천문학적인 가격들은 사람들이 진정으로 못 견뎌 하는 것이 진짜의 가치 없음이나 의미 없음이라는 사실을 말하고 있는지도 모른다. 즉 진짜가 아예 존재하지 않거나, 아니면 8개이거나, 아니면 다른 변기와 하나도 다르지 않다는 사실이야말로 사람들이 가장 회피하고 싶어하는 진실인 것은 아닐까?

표절을 둘러싼 소란 역시 이런 진짜에 대한 도착적인 태도가 어김없이 등장하고, 그것이 논의를 제자리에서 맴돌게 하기도 한다. 이 도착의 근본적인 원인은 우리가 우리 스스로의 고유성에 대한 의심을 멈출 수 없기 때문이다. 우리는 인증된 진짜들에 나의 정체성을 투영하는 방식으로 나의 고유성을 확인받고자 한다. 그러나 내가 진짜라고 믿고 있었던 무언가가 표절을 통해 만들어진 가짜라는 사실은 덩달아서 내가 진짜인가를 의심하도록 만든다. 표절에 대한 과잉 반응은 한 때 내가 사랑했던 것이 가짜라는 사실에 대한 배신감인 동시에 그것과의 분리를 통해 나의 고유성까지 함께 사라지는 것을 막아보려는 가련한 영혼의 몸부림이기도 한 것이다.

어디 그뿐인가. 신경숙의 표절 논란이 한창이었을 때 어떤 이들은 오로지 논란에 끼기 위해 해당 소설을 읽기도 했다. 우리가 이런 오지랖을 부려야 하는 이유는 나를 빼고 세상이 돌아간다는 사실을 견딜 수 없기 때문이고, 한국 사회에서 발생하는 모든 태풍 속에 내가 있어야 하기 때문이다. 이 역시 진짜라고 여겨지는 역동성에 나를 투영하고 나의 자리를 얻고자 하는 몸부림이다.

그리고 오늘을 살아가는 우리 모두는 이 불안과 몸부림으로부터 벗어나는 것을 허락받지 못했다. 어쩌면 이것이 표절의 기준에 대해서 합의하지 못하는 것보다 더 근본적인 문제일지 모른다.

＊ 〈미래에서 온 편지〉 26호, 2015.12.

# '전설의 가방'을
# 찾아서

## #여성혐오 #미소지니

현재 통용되는 여성혐오는 서구권에서 사용하는 misogyny의 번역어로 사용되고 있다. 그러나 '혐오'라는 단어가 'A가 B를 싫어함'이라는 뜻으로 통용되기 때문에 '나는 여자를 좋아하는데 어째서 여성혐오냐'라는 웃지 못할 반론이 많이 등장한다. 때문에 '여성멸시'나 '남존여비' 등의 대체 번역어를 제시하는 경우도 있지만, 여전히 여성혐오가 가장 많이 통용되고 있다. 이 단어는 여성에 대한 성차별과 폭력, 부적절한 성적 대상화, 여성을 무능하고 무지하게 묘사하는 것 등을 뜻하는 용어로 사용되고 있다. 나는 2011년에 쓴 글에서 한국 사회에서 벌어지고 있는 여성에 대한 차별과 폭력이 문자 그대로 여성에 대한 혐오 수준으로 표출되고 있다는 인식을 바탕으로 미소지니의 번역어가 아닌 여성혐오라는 개념을 사용한 바 있다. 이 개념을 생각해낸 계기는 당시 남초 커뮤니티 등지에서 새로운 유행어가 된 '보슬아치'라는 단어 때문이었다. 된장녀가 '일부' 사치와 허영에 가득찬 젊은 여성들을 가려내기 위한 개념이었다면 보슬아치는 여자로 태어나서 부당한 특권을 누리고 살고 있다는 식의 인종적 담론에 가까웠기 때문이다.

⊙------- 오래전부터 전해져 내려오는 이야기에 따르면 호랑이는 곶감을 무서워한다. 호랑이는 곶감을 먹어본 적도 없고, 심지어 그게 뭔지도 모르지만, 자기가 온다는 말에는 눈썹 하나도 까딱하지 않던 아기가 곶감이라는 말 한마디에 울음을 뚝 그쳤기 때문이다.

이와 비슷하게, 오늘날 한국의 남자들은 '(명품)가방'을 무서워한다. 대부분의 남자들은 여자에게 가방을 사준 적도 없고, 가방을 사달라고 말하는 여자를 만나본 적도 없다. 하지만 인터넷에서 본 다른 남자들의 글에 등장하는 아는 형님과 친구와 동생 등등의 경험담들로 미뤄볼 때 언제 자신에게도 십자수나 털실 목도리 같은 것을 들이밀며 가방을 사내라고 말하는 여자가 나타날지 모르는 것이다. 이 절체절명의 공포에 맞서 남자들은 쓰린 속을 달래며 햄버거를 먹으러 간다.[1] 아, 남자의 인생이여….

대체 가방이란 무엇인가? 이 전설의 가방은 한국 사회에 퍼져 있는 여성혐오의 서사에 거의 반드시 등장한다. '된장녀'나 '김치녀'가 사치와 허영에 찌들어 가방을 사주지 않는 남자를 거들떠도 보지 않는다는 서사는 일반적이고, 심지어 여성가족부가 게임 규제를 통해서 조달하는 자금으로 명품 가방을 살 것이라는 식의 이야기도 있다. 그 결을 따라가다 보면 가방이란 결국 한국 남성들이 바라보는 한국 여성들의 욕망의 기표 같은 것이고, 그 기의는 여성들의 사치와 허영이며, 그 무의식에는 그것을 충족해줄 수 없다는 좌절이 깃들어 있다.

대체 몇 겹의 오해와 편견과 무지가 이 전설의 가방을 만들어

---

1   세계적 치킨 프랜차이즈 업체인 KFC는 한 옥외 광고에서 "자기야~ 나 기분전환 겸 빽하나만 사줘^^"라는 문구를 사용했다가 여성혐오 논란이 발생하자 "많은 분들께 심려를 끼쳐 죄송하다"며 공식 사과한 바 있다.

내는 것에 쓰였는지는 알 수 없다. 물론 세상에는 남자친구에게 기분 전환을 위해 가방을 사달라고 말하는 여자도 있을 것이고, 가방만 있으면 식음을 전폐하고 섹스를 하지 않아도 모든 욕망이 해소되는 여자도 있을 수 있다. 하지만 그런 사람들의 수가 대체 얼마나 될 것이며, 또 그런 사람을 만나서 실제 가방을 사주게 되는 일이 벌어질 확률이란 얼마나 되겠는가? 아니, 그에 앞서 여자란 이런 존재라고 단정 짓는 사람이 다른 사람을 만나 사랑에 빠지고 연애를 할 가능성은 얼마큼이란 말인가?

가방이라는 환상은 여성 개개인이 가지고 있는 다양한 욕망과 삶의 방식을 오로지 금전적인 것으로 재단하고, 관계를 금전 거래로 대체할 수 있다고 여긴다. 이 거래의 요체는 물질로써 여자의 욕망을 충족해주면 여자는 섹스를 제공한다는 것인데, 문제는 이 계산식을 세우는 데 상대방의 동의를 구하지는 않았다는 것이다. 이런 계산식에 만족하며 살아가는 관계가 있기도 하겠지만, 대체로 이 계산식은 상대방이 무엇을 원하는지 알아가는 과정을 생략하고 싶은 자기중심적인 착각에 지나지 않는다.

그뿐만 아니라 더 문제인 것은, 이 계산식에서 살아남을 수 있는 남자의 수는 정작 매우 적다는 점이다. 그래서 남자들은 자기들이 마음대로 만들어놓은 계산식에 굴복해 좌절하고 스스로를 무능력한 존재로 인지한다. 그런데 이들의 화살이 향하는 곳은 언제나 가방과 여자이지, 돈 많은 남자는 아니다. 남의 욕망, 그것도 자기 마음대로 정해놓은 타인의 욕망을 공격하고, 단죄하고, 끌어내려서 관계의 우위를 점하겠다는 치졸한 수법이다. 하지만 대체 '네가 그렇게 사치와 허영에 절어 있는 것은 천하의 도리를 외면하는 것이니, 이리 와서 아무것도 주지 않는 나와 섹스를 하자'라는 말을 하면서도 조금의 이상함도 느끼지 못할 수 있단 말인가?

한국 사회에서 여성의 삶이 얼마나 힘든지는 우리가 그렇게나 좋아하는 경제협력개발기구(OECD)나 유엔 같은 곳에서 발표하는 글로벌한 지표들에서 언제든지 확인 가능하다. 그런 증거들은 모두 외면하고 가뜩이나 힘든 사람들을 '가방이나 밝히는 것들'로 만들어서 얻을 이익이 뭔지 나는 궁금하다. 여자도 똑같은 사람이니 같이 평등하게 잘 좀 살자는 말이 그렇게나 고까운가? 그 비뚤어진 마음들이 모여 여러분의 '헬조선'은 오늘도 더 뜨거워진다.

* 〈한겨레21〉 2015.10.12.

# 한국 남자
# 멸종론
## _ 청년세대 남성들의 여성혐오에 관하여

#메갈리아 #페미니즘

**2015.05.29. 디시인사이드 메르스 갤러리 개설, 이후 여성혐오 미러링 행동이 전개되다.**
**2015.08.07. 메갈리아 사이트 개설되다.**

## 메갈리아의 탄생

⊙------- '메갈리아'와 함께 여성혐오가 이슈다. 우선 주의해야 할 것은, 갑자기 어제 오늘 사이에 여성혐오가 새롭게 시작된 것이 아니라는 점이다. 여성혐오는 아주 오래된 역사를 지닌 보편적인 현상이다. 수많은 여성들이 개별적으로 이것에 맞서 싸우며 남자들만의 역사에 자신의 족적을 남겼고, 급기야 프랑스 혁명을 전후하여 여성주의(a.k.a 페미니즘)라는 새로운 사상이 등장하여 '여자도 사람'이라는 너무나도 놀랍고 급진적인 주장을 집단적으로 할 수 있게 되었다. 이런 생각이 어찌나 놀라웠던지 프랑스 혁명 이후 여성도 인간의 보편적 권리를 함께 누

려야 한다고 주장했던 여성 혁명가 올랭프 드 구주(Olympe de Gouges, 1748~1793)는 자코뱅에 의해 단두대에서 처형당했고, 교육권, 참정권, 사회참여권 등등을 얻기 위한 숱한 투쟁은 수많은 남자들의 방해와 폭력에 시달려야 했다. 아직까지도 세계 곳곳에서 종교나 전통 등을 내세워 여자를 인간이 아닌 무언가로 취급하려는 남자들은 많고, 법적으로 '여자가 사람이고 차별받아서는 안 된다'라는 것을 못 박아둔 나라들에서도 여자라는 이유로 차별을 받는 이들이 넘쳐난다. 차라리 100일 동안 마늘과 쑥만 먹으며 동굴에 있으면 사람이라고 인정해줬던 옛날 옛적의 방법이 더 간단할지도 모르겠다.

어느 시대고 여성혐오가 울려 퍼졌지만, 그 이유는 제각각이었다. 이유라고 표현했지만 사실 이유라기보다는 그때그때 남성들이 중요시하던 가치의 반대쪽에 여성을 가져다 놓았을 뿐이다. 신체의 강인함이 중시되면 여성의 연약함이 도마에 올랐고, 지성이 중시되면 여성은 선천적으로 어리석다는 주장이 과학적인 사실이라며 공표되었다. 고행과 금욕이 중시되면 여성이 여염집 남자들을 꾀어낸다고 난리를 치다가, 욕망과 쾌락이 유행을 하자 여자들은 보수적이라고 공격을 당했다. 어쨌거나 이 모든 여성혐오의 목적이자 기능은 같다. 여성을 사회의 중요한 일들에서 배제하고, 그들을 종속적인 상태에 가두는 것이었다.

이 유구하고 찌질한 역사를 모두 열거하는 것은 백과사전을 만들어도 부족할 일이다. 그리고 그것이 이 글을 쓰는 목적은 아니다. 이 글에서 나는 한국에서 태어난 이성애자 남성으로서 오늘날 한국 남자들 앞에 닥쳐온 굉장히 논리적인 멸종 가능성에 대해서 이야기해보고자 한다.

이 글을 쓰는 데에는 한국 남자들이 그토록 무서워하는 페미니즘의 'ㅍ'자도 들어갈 필요가 없다. 사실 요즈음의 여성혐오는, 페미니즘의 수많은 입장과 관점들이 개입할 필요도 없을 만큼 단순하다. 이를 위해 작동하고 있는 '메갈'² 의 생성 이유나 논리 또한 그렇게 복잡한 것이 아니다. 한 줄로도 말할 수 있다. 여성혐오적인 표현이나 관행을 멈추라는 것이다. 이유 또한 단순하다. 성은 평등해야 하기 때문이다. 대한민국 헌법은 '성평등'이라고 정확하게 표시한 것은 아니지만, 모든 차별을 금지한다고 명시하며 (여)성차별 개선에 대한 조항들을 두고 있다. 그처럼 법과 제도로 성평등이 명문화되어 있음은 물론이고, 더치페이에 목숨을 거는 웹상의 남자들조차 성평등 그 자체를 없애야

---

2  디시인사이드 메르스 갤러리에서 시작된 반여성혐오 미러링 행동의 총칭이다. 메르스 갤러리는 메르스가 퍼지기 시작한 시기에 메르스와 관련된 정보 및 의견을 공유하기 위해 만들어졌다. 그러나 최초의 메르스 감염자인 50대 남성이 검역 당국을 무시하고 해외로 나가는 등의 행동을 한 것에 대해서는 동정 여론이 나왔던 반면, 홍콩에서 메르스 의심 환자로 억류된 2명의 여성에 대해서는 온갖 욕설이 쏟아지는 것을 보고 분노한 디시의 여성 유저들에 의해서 이른바 '메갈리아(페미니즘의 관점에서 미러링을 통해 남성 중심 사회를 풍자한 소설인 《이갈리아의 딸들》의 제목을 차용했다)'가 탄생했다.

한다고 주장하지는 못한다(비록 이들이 원하는 성평등은 여자도 군대를 가고, 데이트 비용을 똑같이 내고, 여성전용 주차 공간을 없애는 것뿐이지만 말이다). 요컨대 성이 평등해야 한다는 것은 적어도 민주주의(혹은 사회주의)를 자신의 정치체제로 받아들인 집단에서는 반드시 지향해야 할 가치이자, 사회의 기반이 되는 전제 조건이라는 것이다. 물론 이런 일이 알아서 이루어졌을 리는 없고, 수많은 여성들의 길고 격렬한 투쟁을 통해 가능해졌다는 사실이 중요하다.

## "빼애애애액"[3]의 해부

본격적인 멸종 시나리오를 살펴보기에 앞서, 오늘날 문제시되는 여성혐오의 성격을 파악해볼 필요가 있다. 청년세대를 중심으로 퍼져 있는 여성혐오는 그 이전에 존재했던 것과는 조금 양상이 다르다. 가령 과거의 여성혐오는 여성을 온전한 인간으로 취급하지 않고, 성적인 대상으로서만 여성을 인식하며, 힘과 능력의 우위를 바탕으로 하는 무시라는 특징을 가지고 있었다. 고전적인 마초이즘은 여성을 경쟁의 대상으로 여기지 않는데, 여

---

3  논리적인 근거가 없이 자신의 주장을 무조건 옳다고 우기는 것을 풍자하는 신조어. 원래 여성혐오적 용법으로 사용되던 것이나, 최근 메갈의 미러링에 의해 여성혐오자들에게 사용하게 되었다.

성과 싸운다는 것은 남성으로서 수치스러운 일이기 때문이다. 물론 옛날이라고 해서 뛰어난 여자들이 없었을 리도 만무하고, 마초들이 그런 여성들을 상대로 추잡한 싸움을 벌이지 않은 것도 아니지만, 어쨌거나 과거 여성혐오의 핵심은 남성이 우위에 있다는 감각과 그 상태를 유지하는 것이었다.

반면 2000년대 이후 웹을 중심으로 표출되었던 여성혐오를 살펴보자. 오늘날의 여성혐오는 꼴페미, 된장녀, 김여사, 보슬아치, 김치녀 같은 '딱지 붙이기'를 중심으로 이루어졌다. 가장 '히트'를 친 된장녀는 사치와 허영을 부리는 여성인데, 이들은 밥보다 비싼 커피를 마시고 명품을 좋아하며, 남자에게 비싼 음식이나 물건을 뜯어내려고 하는 여자다. 하지만 된장녀에 대한 남자들의 반감의 핵심은, 내가 감당할 수 없는 물질적인 욕망을 가지고 있기 때문에 내가 성관계를 할 수 없는 대상이라는 지점이었다. 된장녀에 대한 이야기는 언제나 외제차를 탄 남자가 나타나서 여자를 데리고 가는 것으로 끝난다. 남자들은 그 외제차를 탄 남자가 아니라 나에게 비싼 밥을 얻어먹고 아무것도 '주지 않고' 사라진 여자들에게 분노를 쏟아낸다. 남자들은 마치 자판기가 돈을 먹기라도 한 것처럼 이 서사에서 '순진한 피해자'의 자리를 차지하려 한다. 그리고 놀랍게도 그들은 진심으로 억울해한다.

억울함이야말로 오늘날의 여성혐오가 가지고 있는 특징일 것이다. 기본적으로 억울함이라는 감정은 부당한 일을 당했을 때 생겨난다. 하지만 여성혐오자들이 대체 무엇 때문에 억울한지를 알기는 어렵다. 무엇이 부당하단 말인가? 비싼 밥을 사주면 반드시 섹스를 해야 한다거나, 고백을 하면 반드시 받아줘야 한다고 법으로 정해져 있는 것도 아닌데 말이다. 애초에 돈을 쓰고 그것의 대가로 섹스를 얻는다는 공식은 일방적으로 남자들의 뇌 속에서 만들어진 것이다. 하지만 이들은 이것이 무슨 공리라도 되는 양 신봉하는 것은 물론이고, 그 세계 안에서 우위를 점하지 못한다는 것을 억울해하며, 심지어 그 탓을 여자들에게 돌린다. 따지고 보면 이런 식으로 발현되는 형태의 여성혐오의 목적은 일종의 가격 협상 같은 것이다. 내가 생각하기에 너의 가격이 너무 비싸니 된장녀나 보슬아치나 김치녀 같은 명칭을 붙여가며 너의 가치를 떨어뜨리겠다는 것이다.

남자들의 억울함은 이런 성적인 관계에서만 나타나는 것이 아니다. 한국이 과거에 비해 성평등을 더 잘 이룩한 탓에 남자들은 너무도 억울하다. 여자들이 학교에서 공부도 더 잘하고, 생리휴가도 있고, 지하철과 주차장에는 전용 칸도 있고, 군대도 안 가는데 너무 많은 것을 누린다. 남자들이 세상에서 제일 힘들고 이 시대의 아픔을 다 겪어내는 반면, 여자들의 삶은 너무나 쉬워 보인다. 게다가 무소불위의 권력을 휘두르는 여성부와 여성단체들이 이런 불공정한 처사를 점점 확대하려 한다. 이것은 '역차별'이다. 우리 시대는 여성 상위 시대다. 그러므로 '피억압자'인 남자들은 이 불공정함에 맞서 싸워야 한다는 것이 이들의 주장이다.

이 억울함은 자세한 내용의 가당찮음을 제쳐두더라도 여러 가지 면에서 문제가 있다. 수많은 지표들이 입증하듯이, 생색내듯이 던져준 몇 가지 혜택들로 해결될 리가 없는 차별과 위협은 여성들의 삶 전체를 휘감고 있다. 그리고 억울함을 호소하는 남자들은 이런 객관적이고 빤히 보이는 사실을 모르는 척하고 어린애만도 못한 자신들의 주장을 근거도 없이 지리멸렬하게 펼쳐놓는다. 이들의 행동은 무엇보다도 비열하다. 이들은 자신보다 강한 상대가 아니라 만만한 상대를 찾아와서 패악질을 부리고 있는 것이기 때문이다. 삶이 고단한 것은 헬조선의 대다수의 거주자들의 현실이지만, 여성혐오자들은 자신보다 어려운 조건에 놓여 있는 이들을 착취하고자 하는 욕망으로 가득하며, 약자 행세를 함으로써 도덕적 우위까지 점하겠다는 날도둑 같은 마인드를 가지고 있다. 물론 그것의 일부는 이들이 여성의 삶에 대해서 정말로 모른다는(실은 관심 없다는 것에 가깝지만) 무지의 소산이기도 하다. 하지만 무지하다고 해서 다른 사람에게 함부로 상처를 주는 것이 정당화될 수 있단 말인가?

## 여성혐오의 종착지는 멸종

　게다가 이제 세상은 변했다. 만약 이 황당한 억울함을 거두고 공존을 위한 혼신의 노력을 하지 않는다면, 한국의 남자들은 멸종할 것이다. 그 이유는 지극히 논리적이다. 먼저 과거의 결혼이 여성으로 하여금 어느 정도의 경제적 안정을 보장하는 것이었다면, 남성 부양자를 중심으로 하는 가족 임금 체계가 붕괴한 오늘날 남성 혼자 버는 돈으로 가정 경제를 꾸리는 것은 불가능하다. 그래서 일하지 않는 기혼 여성은 이기적이라며 욕을 먹기 십상이다. 하지만 남성 중심 사회는 여전히 여성에게 대부분의 가사 노동을 떠맡기므로 여성은 결혼을 통해 오히려 비약적인 노동의 증가만을 얻게 된다. 게다가 한국의 결혼 제도는 여전히 여성에게 지극히 불리해서, 이른바 '시월드'의 부담까지 더하게 된다.

　여기에다 출산과 육아에 매우 불합리한 국가 제도와 기업의 인식 등은 그나마 결혼의 이유가 될 수 있는 아이에 대한 생각마저 싹 달아나게 만든다. 이런 상황에서 남자들은 빨리 결혼해서 부인이 해주는 따뜻한 밥을 먹고 싶다거나, 결혼해서 부모님께 효도를 하겠다는 말을 스스로 기특하다는 듯이 내뱉는다. 비록 64%(남성 평균임금을 100%로 했을 때 여성의 평균임금)라는 여남 간의 엄청난 임금 격차가 있다고는 하지만, 혼자 일해서 혼자

살아가는 데 드는 비용과 에너지가 결혼을 했을 때의 그것에 비해서 훨씬 합리적이다. 이 모든 것을 극복할 불타오르는 사랑과 닥쳐올 시련에 대한 무지가 아니라면 여성이 결혼을 택할 이유는 딱히 존재하지 않는다.

연애 상대로 한국 남자가 적합한지도 따져볼 문제다. 가장 큰 장점이라면 말이 통한다는 것 정도인데, 한국말을 할 수 있다는 것과 정상적인 의사소통이 가능하다는 것은 또 다른 영역의 문제다. 예쁜 옷을 입고 나갔더니 대뜸 그렇게 비싸 보이는 옷을 입다니 넌 김치녀냐고 묻는 이와 같은 언어권에 있다는 것에 어떤 이점이 있을까? 게다가 오죽하면 최근에 생겨난 신조어 중에는 '안전이별'이라는 말이 있다. 결별 과정에서 스토킹, 개인적인 영상이나 사진 유출, 성폭행, 살해 같은 일들이 하루가 멀다 하고 벌어져 생겨난 말이다. 멀쩡히 만나서 즐겁게 밥 잘 먹고 집에 간 남자친구가 '오늘 여자친구가 밥값을 안냈는데 김치녀인 것 같다'는 글을 인터넷에 올리거나, 좀 씻으라는 소리를 했다가 목숨을 잃게 될지도 모르는 스릴을 연애 과정에서 맛보고 싶어하는 사람은 없다.

심지어 한국 남자를 만나지 않는다고 혼자서 살아야 하는 것도 아니다. 세계는 넓고 남자는 많기 때문이다. 이 지점에서 한국 남자들의 불리함은 굳이 말할 필요가 없을 것이다. 결국 단순히 생존과 삶의 질이라는(목숨을 부지하고 삶의 질을 유지한다는)

지극히 기본적인 측면에서만 따져도 한국 여자가 한국 남자를 만날 이유는 점점 줄어든다. 특히 한국 남자들이 여성혐오에 열을 올리면 올릴수록 그렇다. 결국 여성혐오는 어떻게 따져도 좋은 전략이 아니다. 한국 남성은 여성혐오를 통해서 여성을 통제할 수 있다고 착각을 하고 있지만, 한국 여성은 굳이 한국 남성과 이런 돼먹지 못한, 실제로 목숨과 인생을 위협하는 게임을 계속해야 할 이유가 없는 것이다.

## 남자들을 어떻게 가르칠 것인가

한국의 남자들이 하루빨리 여자를 똑같은 인간이자, 동료로서 인식하는 법을 배우지 못한다면, 이런 일이 현실이 되지 말란 법은 없다. 여기서 교육이 중요해진다. 성에 대한 수치심이나 심어주는 성교육이 아니라, 모든 교육에 성(性)인지적인 관점[4]이 포함되어야 한다. 또 사람을 함부로 차별해서는 안 되고, 그러기 위해서 들이는 노력이 결코 쉽지 않다는 것을, 그러나 반드시 필요하다는 것을 각인시키는 교육이 필요하다. 그리고 청소년들

---

4   성인지적 관점 [性認知的 觀點, gender perspective] 남성과 여성에 미칠 영향에 초점을 두고 각종 제도와 정책을 검토하는 관점을 말한다. 즉 남녀 성차별의 개선이라는 문제 의식에 기반하여 각종 제도나 정책에 포함된 특정 개념이 특정 성에게 유리하거나 불리하지 않은지, 성역할 고정 관념이 개입되어 있는지 아닌지 등의 문제점을 검토하는 관점을 말한다. (이종수,《행정학사전》, 2009, 대영문화사)

뿐만 아니라 다 큰 어른이라도 이 새로운 세상의 법도를 기꺼이 배워야 한다.

성차별을 없애는 것은 남자들이 여자들에게 시혜를 베푸는 따위의 문제가 아니다. 이것은 인류 절반의 삶에 대한 문제이자, 또 그들을 통해서 인류 전체가 얻었고, 얻게 될 것들에 대한 문제다. 이 심각성을 깨닫지 못한다면, 남자들에게 남은 것은 찌질하고 외로운 멸망뿐이다.

＊〈오늘의 교육〉 29호, 2015.11·12월호

# 먹방, 허기진 한국인의
# 영혼을 채우다

**#푸드_포르노 #먹방**

푸드 포르노와 한국의 신조어인 '먹방'은 궤를 같이 하는 개념이다. 먹음직스러
운 음식이나 그것을 먹는 장면을 찍은 영상, 사진 등을 뜻한다. 음식은 이미 다
양한 매체에서 인기 소재로 활용되어 왔다. 그러나 먹방을 부각시킨 것은 최근
유튜브나 아프리카TV 등을 통해 이루어지는 개인 방송이다. 지금도 많이 먹고,
맛있게 먹고, 특이한 것을 먹는 먹방들이 무한경쟁을 벌이고 있다.

⊙------- 이제는 먹방이 대세라고 말하는 것도 새삼스러운
일이다. TV를 틀건, 온라인에 접속하건 어디에나 먹방이 있다.
방송의 정체성 자체가 아예 먹방인 프로그램도 이미 여럿이고,
드라마, 예능, 교양 할 것 없이 먹방이 등장한다. 연예인들의 '화
제의 먹방'이 앞다투어 보도되고, 어떤 이들은 음식 한 번 잘 먹
은 덕에 일약 스타로 등극하기도 했다.

따지고 보면 사실 연예인들의 먹방은 뒷북이다. 이미 온라인
에서는 개인 채널로 먹방을 중계하고 그것으로 수익까지 올리
는 사람들이 있었다. 그들이 방송에서 하는 일은 음식을 먹으며
채팅창에 올라오는 댓글에 때때로 대거리를 해주는 것이다. 그

런데 많은 사람들이 이런 방송을 보면서 '별풍선'(개인 방송 사이트 '아프리카TV'의 사이버 화폐)을 쏴댔다. 굳이 방송을 하지 않더라도 수많은 이들의 사회관계망서비스(SNS)에는 자신이 먹은 음식들을 자랑하는 사진이 반드시 있다. 검색엔진과 블로그가 각종 광고와 프로모션들로 혼탁해진 틈을 타서, SNS 친구들이 제공하는 진짜 맛집 정보를 검색하는 것이 삶의 소소한 지혜가 된 지도 이미 오래다.

이렇게 먹방은 음식을 먹는다는 지극히 원초적이고 개인적인 행위를, 수많은 눈들이 지켜보는 가운데 벌어지는 모종의 의례 같은 것으로 탈바꿈시켰다. 먹을 땐 개도 안 건드린다는 옛말이 무색하게도, 이제 사람들은 타인의 식사에 열광할 준비가 되어 있다.

물론 과거에도 음식이 방송이나 미디어의 소재로 사용되는 일은 흔했다. 특히 2000년대 들어 한국을 휩쓴 웰빙 바람은 '잘 먹고 잘 살기'라는 슬로건으로 축약되었고, 덕분에 방송과 매체들은 연일 몸에도 좋고 맛도 좋다는 음식을 찾아내느라 혈안이었다. 하지만 지금과 같이 음식을 먹는 행위 자체에 집중하는 일은 드물었다.

이 새로운 변화를 단적으로 보여주는 기념비적인 작품으로는 〈고독한 미식가〉를 꼽을 수 있겠다. 일본의 TV도쿄에서 2012년 심야 시간에 방영되기 시작한 이 드라마는 시즌 6의 방영을 마쳤다.

사실 일본이야말로 이미 오래전부터 온갖 먹방의 천국이었다. 그런데 〈고독한 미식가〉는 그 장르 안에서도 새로운 장을 열었다. 이 '드라마'에 반복적으로 나오는 등장인물은 주인공 하나뿐이고, 스토리도 '수입상으로 일하는 40대 독신 남성이 일 때문에 이곳저곳을 돌아다니다가 배가 고파지면 식당을 찾아서 원하는 음식을 먹는다'가 전부다. 물론 매 회마다 일을 하면서 만나게 되는 사람들과의 에피소드도 있지만, 이 드라마에서 등장하는 '타인'은 그가 방문하는 가게의 종업원이나 주인을 제외하면 자신만의 식사를 즐기는 데 방해가 되는 곤란한 존재들일 따름이다. 즉, 드라마라는 이름을 붙인 이 영상물에서는 이야기를 만들어낼 만한 모든 것들이 거의 방해꾼의 역할로만 등장하고 있는 것이다. 심지어 주인공의 대사도 그가 음식을 먹으면서 내뱉는 독백이 거의 대부분이다. 주인공은 그 누구와도 겸상을 하지 않고 꿋꿋하게 혼자서 밥을 먹었고, 카메라는 그 '먹부림'을 세세하게 담아 매 회마다 10~20분 가량을 오로지 먹는 장면으로만 채웠다. 이쯤 되면 이것을 '포르노'의 일종이라고 부르지 않을 도리가 없어 보인다. 자극하는 대상이 성욕이 아니라 식욕이고, 그래서 심의에 걸리지 않는다는 점만 빼면 말이다.

나 역시 이런저런 먹방의 나름 열렬한 시청자이지만, 한발 물러서서 바라보면 제법 심정이 복잡하다. 가장 먼저 떠오르는 것은 우리에게 참으로 낙이 없다는 사실이다. 계속된 불황과 그에 따른 가계 및 노동 소득의 저하는 필연적으로 소비의 위축으로 이어진다. 그리고 그 소비에서 가장 먼저 줄어드는 품목은 이른바 '문화생활'에 대한 지출이다. 자꾸만 하한선을 돌파하는 통장 잔고를 보며 영혼에 스치는 불안을 경험한 사람이라면, 누군가와 함께 시간을 보내거나 밖으로 나가 취미 활동을 하는 것 자체가 부담스럽게 느껴질 수밖에 없다. 하지만 문화생활은 끊어도 밥을 끊을 수는 없는 일이니, 우리는 매우 경제적인 셈을 거쳐 음식으로 두 개의 허기를 모두 해결해보려는 다소 가련한 노력에 빠져들게 된다.

그래서 사람들은 밥 한 끼를 위해 검색을 하고, 줄을 서고, 정성스레 사진을 찍어 SNS에 올린다. 소문난 맛집 앞에 늘어서 있는 줄은 맛있는 것을 먹고야 말겠다는 1차원적인 의지일 뿐만 아니라, 직접 그 소문의 일부가 됨으로써 얻는 미약한 '문화적' 위안에 대한 의지이기도 하다. 그리고 먹방은 이 위축된 마음을 비집고 들어와, 가져본 적 없는 풍요에 대한 알레고리처럼 복스럽게 음식을 먹어치우는 다른 사람들의 모습을 보여주며 말초적인 자극과 묘한 위안을 건넨다.


오늘날 한국 사회의 '소울푸드'는 어쩌면 음식 그 자체라기보다는 양산되는 수많은 먹방과 먹짤들일지도 모른다. '나 잘 먹고 살고 있다'라는 허세와 생존 신고가 절반씩 섞인 음식의 이미지들 말이다. '먹기 위해 산다'와 '살기 위해 먹는다'는 두 명제가 이 이미지들 속에서 기묘하게 뒤섞인다. 어쩌면 먹방은 밥 한 끼도 편안한 마음으로 먹을 수 없게 된 우리들을 위한 식욕증진제 같은 것이 아닐까.

* 〈경희대학교 대학주보〉 2015.08.31.

# 왜 우리는 먹기만 하면
# 싸우는가?

**#가성비 #새우대첩**

가격 대비 성능 비율의 약자인 가성비는 PC 부품들의 성능을 벤치마킹하는 사이트들에서 최초로 사용되었다. 그러던 것이 각종 IT 디바이스와 전자 제품들을 평가하는 기준으로 옮겨갔고, 이후에는 모든 소비재 평가에 적용되었다. 물론 이는 과거에 주부들에게 주로 적용되었던 '질 좋고 저렴한 제품'을 선택하는 '알뜰한 소비자'라는 이미지와 크게 다르지 않다. 하지만 다른 점은 가성비주의자들의 '전투력'으로, 어떤 것이 가성비가 좋은지를 두고 벌이는 싸움을 찾아보는 것은 어려운 일이 아니다.

◉------- 루리웹[5] 음식 갤러리는 자기가 먹은 음식의 사진을 찍어서 올리고 간단한 글을 덧붙이는, 인터넷 어디서나 볼 수 있는 그런 곳이다. 하지만 이곳에서는 걸핏하면 댓글 전쟁이 벌어지는데, 그 이유가 대단하다(?). 일례로, 가장 유명한 사건인 이른바 "새우대첩(2013.09.07~)"의 경우를 살펴보자. 이 사건은 어떤 회원이 새우튀김을 치킨처럼 배달해주는 업체가 있다며 시

---

**5**　ruliweb.com 비디오게임을 비롯한 취미 전반을 중심으로 유머, 일상 공유 등 다양한 콘텐츠가 올라오는 한국의 대표 커뮤니티 중 하나다. 회원들은 주로 10~30대 남성이다.

켜 먹은 사진을 올리면서 시작되었다. 글이 올라온 후 대부분의 다른 회원들은 집에서 튀기기 번거롭고 사 먹으러 가기 힘든데 저런 것이 있으면 편하겠다며 호의적으로 반응했다. 그런데 갑자기 혜성처럼 등장한 한 회원이 "편하게 먹는 가격 XX원… 결혼은 하셨는지…"[6]라는 댓글 하나로 게시물을 아수라장으로 만들었다. 슈퍼에서 파는 냉동 새우튀김을 사다가 직접 튀겨 먹는 것이 비교할 수 없이 경제적이며, 게시글을 올린 회원은 그런 것도 모르고 저렇게 비싼 돈을 주고 시켜 먹고 있으니 세상 물정도 모르는 사람이라는 이야기다.

이것은, 하나의 작은 사례일 뿐이다. 온라인에서 먹는 것을 둘러싸고 벌어지는 싸움은 오늘도 계속되고 있다. 최근의 '집밥'을 둘러싸고 벌어진 치열한 공방전, 연예인의 '먹방'을 두고 벌어지는 싸움, 누군가가 올린 음식을 두고 벌어지는 댓글 전쟁 등등. '내가 먹는 것들에 대한 비난'은 우리에게 큰 상처를 준다. 특히나 오늘날처럼 식욕과 문화적 욕구가 기묘한 방식으로 결합해 있는 시대에는 더욱 그렇다. 대체 우리는 어떻게 하면 사이좋게

---

6    정확한 댓글의 내용은 다음과 같다. "편하게 먹는 비용 1.4만원.. 결혼은 하셨는지?? 동네 할인마트 가면 40미 4천원짜리 냉동새우 튀김가루 입혀진 거 팝니다. 그거 사서 그냥 식용유에 넣고 튀기기만 하면 1.4만원 15마리가 아니라 4천원으로 40마리 먹고도 남습니다. 조금 불편해도 머리 쓰면 배 터지게 맥주하고 먹고 남는데.. 쯔..쯔.. 그 정도 수고 없이 세상 살기 참 힘들죠? 그죠?" 이후 상호 비방과 고발 예고로 번진 이 대첩은 원글의 삭제로 마무리되었다.

먹고 살 수 있을까?

분쟁을 피하는 가장 기본적인 태도는 가르치려 들지 않는 것이다. 하지만 인간에게는 가르치고 싶은 본능이라도 있는 건지, 언제나 분쟁을 일으키는 '맛선생' 아니 '맛꼰대'들이 있다. 이들은 크게 4가지 유형으로 나눌 수 있는데 첫 번째 유형은 '친환경 맛시스트'다. 이들은 모든 먹거리를 그것이 친환경인가 아닌가, 합성첨가물이나 MSG가 들어갔는가 아닌가로 나누어 후자를 맹 비난한다. 그런 음식을 파는 것은 물론이고 먹는 것도 이들의 비난을 피할 수 없다. 건강식 제일주의자들이 이 부류에 속한다. 물론 음식에 해로운 것을 집어넣거나 장난을 쳐서는 안 되며, 식량을 생산하는 데 발생하는 환경 파괴를 최소한으로 줄이는 것은 지향해야 할 바이지만, 이들은 자신들이 옳다는 그 확신 하나만으로 다른 모든 이들의 식생활을 비난한다. 특히 이들이 신봉하는 유기농과 '자연'이 얼마나 비싼지를 생각하면 이런 행태는 '시간적·금전적으로도 식생활을 돌볼 여력이 없는 하층 계급'의 문제를 '노오력'과 정성이 부족해서라는 식으로 치부하기 십상이다.

두 번째 부류는 '맛도 모르면서' 아저씨다.[7] 주로 사람들이 무

---

[7]  이 부류의 가장 대표적인 인물은 음식 칼럼니스트 황교익이다. 그는 최근 "떡볶이는 맛이 없다"고 주장을 했다가 여론의 뭇매를 맞았다. 그는 재료 본연의 맛을 강조하는 조리법을 중시하고, 자극적인 양념을 사용하여 만드는 음식들은 선호하지 않는 것으로 유명하다.

언가를 먹는 방법에 대해서 꼰대질을 한다. 맛있는 것 좀 먹어봤다는 중년 남성들이 많은 이 부류는 식재료, 먹는 방법, 먹는 시기와 같은 문제에 대해 훈계를 하려고 한다. 자기가 사주는 것도 아니고 남이사 뭘 먹든 무슨 상관이냐는 지극히 합리적이고 민주적인 의문에도 불구하고, 이들은 급기야는 분노에 차서 "맛도 모르면서!"를 외친다. 물론 맛있는 음식을 더 맛있게 먹을 수 있는 방법이 있어서 공유하는 것은 좋은 일이지만, 남의 입속 사정에 참견하는 것은 쓸데없는 일이 아니겠는가?

세 번째 부류는 비교적 최근에 등장한 '가성비'에 목을 매는 이들이다. 20~30대의 젊은 남자들이 주를 이루는데, 이들은 '가격 대비 성능 비율(가격에 비해 성능이 어떠하다는 뜻)'이라는 다소 공학적인 느낌의 기준으로 음식을 평가한다. 직접 요리를 하기보다는 사 먹는 것에 익숙한 젊은 남성의 상황을 반영하고 있는데, 문제는 이 기준을 다른 사람에게 들이댈 때다. 가령 앞의 '새우대첩'은 이 과정을 아주 잘 보여주는 예다. 가성비 담론은 과거 패밀리레스토랑이 유행하던 때부터 시작해서 계속 변화해 오고 있으며, 이른바 '된장녀' 등으로 나타난 여성혐오의 행태와도 일치하곤 한다. 이들에게 가성비란 다시 말해 음식 소비에 있어서 일종의 도덕률로, 그것을 고려하지 않는 소비는 사치이며 허영인 것이다.

마지막 부류는 간단히 말해 어머니의 손맛 주의자[8]들이다. 이 사람들의 어머니가 미슐랭 3스타 셰프였는지의 여부는 알 수 없지만, 그저 어린 시절부터 먹어왔던 익숙한 맛과 부모님에 대한 그리움 같은 아름다운 이야기로 끝낼 수도 있는데 기어코 사단을 내는 이들이다. 이 경우 문제는 맛 그 자체라기보다는 그것이 가진 의미로부터 발생하는데, 이 타령을 하는 이들은 대체로 남성이고, 손맛 타령에는 반드시 헌신, 희생, 사랑 같은 가치들이 반찬처럼 곁들여진다. 그리고 이 아름다운 가치들에 대한 찬양은 남녀의 성역할, 가사 분담과 같은 이슈들에서 아주 고리타분한 결론으로 귀결될 개연성이 매우 높다.

결국 남이 뭘 어떻게 먹든 신경을 안 쓰면 되는 것이라는 근본적인 결론이 나온다. 하지만 이것은 얄궂다. 왜냐하면 그토록 많은 유명인과 평범한 사람들이 찍어 올리는 '먹방'이며 '먹짤'들은 제발 이것을 좀 봐달라고, 그리고 내가 잘 먹고 있으며 잘 살고 있다고 말해달라고 애원하고 있기 때문이다. 우리는 어떻게 영혼의 허기를 채울 수 있을까? 영혼의 외식 사업은 사양길에 접어들고, 서로가 서로에게 지옥을 선사하지 못해 안달인 오늘날에 말이다.

＊ 〈경희대학교 대학주보〉 2015.09.14.

8  가령 허영만의 만화 《식객》의 가장 유명한 대사는 "이 세상의 가장 맛있는 음식은 이 세상 모든 어머니의 숫자와 같다"이다.

# 그를 보면
# 혼란이 무성해진다

**#개저씨 #아재 #꼰대**

개저씨는 개+아저씨로 개 같은 아저씨의 준말이다. 주취 폭력, 고성방가, 성추행/희롱, 꼰대짓을 일삼는 중년 남성을 뜻하는 말이다. 아재는 긍정적인 뜻이라고 잘못 알려져 있으나, 원래는 남초 커뮤니티 등지에서 나이 많은 이용자들을 "아재 그건 서요?"라고 조롱하던 데서 파생된 말이다. 시대의 변화에 무디고 젠더 권력과 나이 권력을 휘두르는 중년 남성들을 묘사하는 말로, '어른'이 없는 시대를 반영하고 있다.

⊙------- "노조가 파이프를 휘두르지 않았다면 진즉에 3만 불 시대에 도달했을 것"이라는 말이 등장했다. 한국의 노동조합이 국가의 성장을 가로막을 만큼 어마어마한 영향력이 있었다니 금시초문이다. 총파업이라고 해봤자 그저 광화문 일대에 교통이 많이 막히는 것 말고는 별다른 효력도 없는 시대에 난데없이 노조를 걸고넘어지는 이 발언의 진원지는 김무성 새누리당 (현 자유한국당) 대표다.

작심한 듯 쏟아내는 후속 발언들도 황당하긴 마찬가지. 다른 것도 아닌 콜트·콜텍 사태를 거론해 아무 일 없이 잘 돌아가던

우량 기업을 악마 같은 노조가 망가뜨린 것처럼 말했다. 3천 일을 훌쩍 넘겨서 투쟁 중인 노조원들도, 그 투쟁을 지지하는 사람들도, 집에서 잠자던 톰 모렐로(Tom Morello, 지금은 해체한 록밴드 'Rage Against The Machine'의 기타리스트. 독보적인 테크닉으로 세계적인 명성을 갖고 있다. 콜트·콜텍 노동자들의 불법 해고 투쟁에 연대하고 있으며, 투쟁에 헌정하는 노래를 만들기도 했다)도 어리둥절하게 만드는 발언이다. 혹시나 해서 다시 찾아본 바로는 아무 일 없이 흑자를 내면서 잘 돌아가던(이건 맞다) 콜트·콜텍이, 멀쩡히 일하던 공장 노동자들에게 정리 해고를 통보하고 짐을 싸서 인건비가 싼 해외로 야반도주한 사태가 맞다. 노조에는 멀쩡한 회사를 망칠 기회 자체가 있지도 않았고, 그들은 해고된 뒤 복직을 위해서 싸움을 시작했을 따름이다.

당연히 이런 발언에 대해 프로 야당인 새정치민주연합(현 더불어민주당)을 비롯해 각계각층의 비판이 쏟아졌다. 김무성 대표의 말에 비하면 대부분 지극히 옳으신 말씀들이다. 하지만 문제는 무력하다는 것이다. 김 대표가 연일 터트리는 망언의 파급 효과에 비해 그에 대응하는 맞는 말들이 갖는 힘은 미미해 보였다. 최소 30%의 콘크리트를 깔고 있는 새누리당, 40%의 지지율을 보이는 박근혜 대통령, 그리고 비록 그놈의 오차 범위 내의 싸움이라고 해도 차기 대선 후보 지지율 1위를 달리는 김.무.성.[9]

사실 그를 바라볼 때마다 나의 마음은 복잡해진다. 대체 김무성이란 무엇인가? 그가 막후의 실세로 지내던 시절만 해도 그냥 직업이 국회의원인 경상도 출신의 K-저씨에 지나지 않았지만, 그는 이제 전면에 나섰다. 그런데 그는 대중 정치인으로서의 매력을 딱히 가지고 있지도 않고, 세련되거나 지적인 이미지를 어필하려고 노력하지도 않고, 그렇다고 훌륭한 인품을 가진 것처럼 보이려고도 하지 않는다. 오히려 그가 연일 쏟아내는 발언이나 행보들은 그는 곤란함의 종합선물세트 같은 존재로 보이게 한다.[10]

청년 노동문제에 대한 그의 인식은 "악덕 업주에게 당해봐야 구별법도 생기고 하니 그것도 좋은 경험"이라는 수준이다. "복지가 과잉이면 국민이 나태해지"고, 여성 의원 공천은 "아이를 많이 낳는 순"으로 줘야 하는데, 여성 의원이 적은 것은 "실력이 안 되는 여성 의원들 탓"이므로 할당제 같은 소리를 함부로 해서는 안 되며, 북한의 도발에는 "전쟁을 불사한 강경 대응"을 외치다가 협상에서 '유감'을 받아냈으니 사과랑 똑같은 것이라며 철판을 끼는, 어느 곳에 내놓아도 빠질 만한 그런 인식과 발언들이 넘실거리고 있다.

사실 진정으로 서늘한 것은 그의 발언들이라기보다는 그것의

---

9    다행히도 이 끔찍한 그림은 촛불에 타서 사라졌다.
10   오늘날에는 이보다 더 업그레이드된 버전인 홍준표가 있다.

배경이다. 그는 어디를 향해 말을 하고 누구의 말을 들어야 정치적으로 성공할 수 있을까라는 문제에서 이미 자신만의 확고한 답을 가지고 있다. 그가 노조에 대해 이런 막말을 내뱉는 이유는 노조가 그의 정치 생명에 아무런 영향을 줄 수 없다는 것을 잘 알기 때문이며, 각종 인권 이슈에 대해서 몰상식한 말을 내뱉는 것도 이 때문이다. 그러므로 역으로 말해 그는 이런 막말이나 인식에 대해서 누가 어떤 문제 제기를 하든, 그의 정치적 자산에 영향을 주지 않는다면 어떤 말도 듣지 않을 것이다. 그리고 그에게는 당내 계파 갈등 같은 정치적 산수 말고는 아무것도 신경 쓸 필요가 없는 지지 기반이 꽤나 확고하게 존재한다. 이것이 그가 내 마음을 어지럽히는 이유, 그의 완고한 표정이 어떤 벽처럼 느껴지는 이유다. 무서운 건 그가 아니다. 그의 뒤에 버티고 있는 '그런 것은 아무래도 상관없어 국(國)'의 국민들이다.

* 〈한겨레21〉 2015.09.07.

# 모욕 합의
# 사회

**#몰카 #불법촬영물 #디지털성폭력**

몰래카메라는 1990년대 초반 MBC의 예능프로 〈일요일 일요일 밤에〉에서 코미디언 이경규가 진행했던 인기 코너의 이름이다. 이후 이 단어는 찍히는 사람에게 찍힌다는 사실을 알리지 않은 모든 영상물을 뜻하는 이름이 되었다. 그중에서도 가장 문제적인 것은 상대방(거의 대부분은 여성)의 동의 없이 촬영되는 성적인 영상물들이다. 정부는 이런 영상물들에 '불법촬영물'이라는 명칭을 공식적으로 부여하고, 이런 영상을 찍거나 배포하는 이들에게 벌금 없는 징역형을 선고하는 것을 골자로 하는 새로운 대책안을 발표했다. 한편 국회는 2018년 2월 20일에 불법촬영물의 삭제 비용을 국가가 우선 부담하고 영상 유포자에게 구상권을 청구하는 성폭력방지법 개정안을 통과시켰다.

◉------- 한 대학에 '꿀알바 대탐험'이라는 이름의 공고가 나붙었다. 뉴질랜드의 양 목장에서 대자연을 벗 삼아 높은 보수의 아르바이트를 할 수 있는 기회를 주겠다는 것이다. 비행기 삯을 비롯해 모든 비용은 주최 쪽에서 대겠다고 했다. 지원자가 모여들었고, 선발을 위한 면접 절차가 시작되었다.

면접은 다소 특별한 방식으로 진행됐다. 한 명의 지원자가 양 역할을 하고, 다른 지원자가 양털 깎는 시늉을 했다. 양 성대모사를 시키기도 했다. 쌀 포대를 지고 달리며 뉴질랜드에 꼭 가고 싫다고 외치거나, 강아지를 풀어서 어떤 지원자에게 가는지를 봤다. 급기야는 지원자들 간의 랩 배틀이 벌어졌다. 지원자들은 머릿속이 복잡해졌다. 하지만 이 순간만 버티면 뉴질랜드에 갈 수도 있다는 생각이 이들로 하여금 그 수난을 견디게 했다.

그런데 면접이 끝나고 갑자기 누군가 다가왔다. 그리고 말했다. "짜잔, 몰래카메라였습니다." 심지어 그는 이경규도 아니었다. 그러나 그는 천연덕스럽게 물었다. "지금 기분이 어떠세요?" 글쎄, 아마도 세상에 존재하는 모든 욕을 다 퍼부어주고 싶은 심정 아니었을까? 게다가 이 모든 과정이 촬영되었고, 새로 개국하는 어떤 방송국에서 방송될 것이라는 통보까지 이어졌다.

결국 면접에 참여했던 15명은 방송국 쪽에 문제를 제기했고, 방송국은 요즘 유행하는 사과 같지도 않은 사과를 한 번 시전했다. 다시 또 항의. 결국 촬영분 전량 폐기, 해당 PD와 작가의 해임, 피해자들에 대한 응분의 보상으로 막을 내렸다.

이 짧은 생각을 비난하는 것은 어려운 일이 아니지만, 문제는 사실 더 보편적이다. 이런 일이 벌어진 것은 여러 부분에서 '그래도 된다'라는 판단이 자연스럽게 내려졌기 때문일 것이다.

가장 먼저, 취업이나 여러 가지 선발 과정에서 지원자를 모욕해도 좋다는 것이 우리 사회의 알려진 합의점이다. 가령 아모레퍼시픽은 한 면접에서 지원자에게 직무와 상관없는 국정교과서 찬반 여부를 강압적 태도로 물어봐 빈축을 샀다. 몇 년 전부터 유행하기 시작한 압박 면접을 비롯해, 기상천외한 면접법들이 지원자를 노린다. 선발 과정이 강화되는 근원적인 이유는 준비된 자리에 비해 너무 많은 사람이 지원하기 때문이다. 이는 당연히 경쟁의 심화를 의미한다. 그러니 문제가 생기면 "(국정화 찬반 질문은) 지원자의 사회에 대한 관심과 답변 스킬, 결론 도출의 논리성 등을 평가하기 위함"이었다고 주장하면 되고, '면접 몰카'는 "면접 시 대처 능력을 보고자" 계획했다고 주장하면 되는 것이다.

또 다른 면을 보자. 방송이나 언론이 소재주의와 선정주의, 그리고 자신들과 시청자·독자의 편견을 만족시킬 만한 '그림'을 만들어내기 위해 했던 왜곡들 말이다. 여기에는 방송 프로그램의 외주 제작이 거의 전면화되면서 낮은 인건비와 열악한 제작 여건, 촉박한 시간 같은 것이 방송 제작의 기본 조건처럼 되어버렸다는 하나의 전제가 있다. 그리고 방송과 언론에 종사하는 몇몇 이들은, 모든 국민을 유명해지고 싶어서 안달이 난 연예인이나 신거철 정치인처럼 생각하고 있다는 다른 배경도 있다. 즉, 제작·노동 조건의 악화가 가져온 저널리즘의 증발과 카메라를 권력으로 여기는 이들의 존재가 이런 것을 '그래도 되는 것'으로 자연스럽게 인식하도록 만드는 것이다.

여기에 한 가지를 더해보자. 최근의 논쟁 중 하나는 여성에게 (성폭력으로서의) "몰카에 주의하라"고 말하는 것에 대한 논란이다. 이 말을 뒤집으면 "찍힌 네가 잘못"이라는 말이 나온다. 몰카를 인간의 힘으로 막을 수 없는 천재지변 같은 것쯤으로 여기는 사회이니 카메라가 권력이 되지 않을 도리가 없다. 이 '보편적 허용'이 무서워서 나는 눈을 감기로 한다.

＊〈한겨레21〉 2015.11.11.

2015.11.14

대한민국 민중총궐기 개최

1차 집회 중 경찰의 물대포에 맞고 백남기 농민 혼수상태

# 이상한
# 감각

⊙------- 　　　2015년 12월의 첫째 주의 일이다.

동국대에서 50일 가까이 단식을 하던 학생이 병원에 실려 갔고, 단식 중단을 촉구하며 이사회가 사퇴를 했지만, 정작 제일 중요한 자는 아직 임기가 시작되지 않았으므로 이사장의 자리에 오를 것이라고 한다. 경찰이 체포 영장도 뭣도 없이 단지 소환에 응하지 않을 수도 있다는 추정만으로 집 근처에서 긴급 체포를 해서 유치장에 사람을 가뒀는데, 거주가 불명확하다고 해놓고 집 주소도 버젓이 적어놨다고 한다.[11] 경찰은 시작도 안한

---

11　2015년 12월 2일 사회운동 단체 청년좌파의 회원인 21살 김모 씨를 충남 예산군에 있는 집 근처 버스 정류장에서 체포한 사건이다.

시위를 불법 폭력 시위라서 절대 허가하지 않겠다고 발광을 했는데, 법원이 헛소리하지 말라며 시위를 허락해줬다고 한다. 지난번 시위에서 물대포를 맞고 쓰러진 늙은 농부는 여전히 사경을 헤매고 있는데, 그를 도우러 간 '빨간 우비'가 그를 때려눕혔다고 주장하는 이들이 사방을 돌아다니며 악을 쓰고 있다고 한다. 삼성은 반도체 공장에서 일어난 산재에 관한 협의가 마음에 들지 않는다며 상을 엎고, 피해자를 직접 심사해 알아서 돈을 줄 테니 사인을 하고 다시는 떠들지 말라고 으름장을 놓고 있다고 한다. 참여정부에서 벌어진 KTX의 취업 사기와 무단 해고에 맞서 싸우던 KTX의 여성 승무원들은 10년이 지나 대법을 거쳐 고법에서도 패소를 했지만, 계속해서 싸우겠다고 다짐하고 있다고 한다. 콜트·콜텍에서 기타를 만들다가 해고당한 사람들은 새누리당 대표가 자기들을 일컬어 멀쩡한 회사를 말아먹은 자들이라고 한 것에 항의하며 새누리당사 앞에서 천막을 치고 농성을 하고 있다고 한다. 그 와중에 정부와 여당은 민주노총이 세상 모든 악의 원흉인 것처럼 소리를 높여 성토를 하고 있는데, 정작 11월 14일에 왜 사람들이 길에 뛰쳐나왔는지는 아무도 관심 없고, 잡힐 것인가 말 것인가, 또 액션활극이 펼쳐질 것인가에만 카메라와 펜을 들이대는 언론들이 많다고 한다. 그 와중에 어느 격조 높은 신문의 기자께서는 1인 1간장종지를 주지 않은 중국집이 너무 원통해서 그 심정을 신문에 절절히 쓰셨는데, 그 아량

이 두고두고 회자되고 있다고 한다. 요즘 외국의 유명한 언론들이 한국의 민주주의를 걱정하는데, 한국의 통치자들은 그런 것에 별로 신경 쓰지 않는다고 한다. 대신 대다수의 한국 방송들은 한국의 민주주의를 불법 폭력 시위대가 망치고 있으니까 다 가둬버리고 뭉개버리자고 매일같이 소리 높여 주장하고 있다고 한다. 그 사이 정부는 방송, 신문, 인터넷을 가리지 않고 어떻게 하면 한 목소리만 낼 수 있을까를 노심초사 고민하면서 법도 고치고, 댓글도 달고 있는데, 온 국민의 40%가 든든히 뒤를 봐주고 있기 때문에 별 걱정도 없다고 한다. 앞으로는 얼굴을 가리고 시위를 하면 IS를 연상시키기 때문에 무조건 잡아가기로 했다는데, 새로운 검찰총장은 그렇게 잡혀온 사람에게 인심도 좋게 징역을 1년씩 더 주기로 했다고 한다. 어떤 남자 의전원생이 사귀는 여자 의전원생을 4시간 동안 폭행했고 9개월이 지나서 여론이 들끓자 겨우겨우 학교에서 제적을 당했는데, 그 와중에 끈끈한 우정이 넘치는 가해자의 친구들은 가해자의 인생을 망쳤다며 피해자를 욕하고 있다고 한다.

나는 입안에 초콜릿 한 알을 굴려 넣었다. 아, 그런데 우리의 이명박 전임 대통령께서는 오늘 "세상은 여전히 아름답고, 그렇기에 우리는 오늘도 열심히 살아갈 가치가 있음을 확인한다"고 페이스북에 올리셨다고 한다.

다들 괜찮으신가? 정말로?

＊〈경향신문〉 2015.12.04.

# 비열한 땅에 꽂을
# 새 깃발

#헬조선

영어로 지옥을 뜻하는 헬(hell)과 조선을 합성한 신조어로 지옥 같은 한국 사회를 표현하며 2010년경 디시인사이드 역사 갤러리에서 처음 사용되었다.

⊙------- 2015년을 단 하루 남겨놓고 있다. 올해의 화두가 '헬조선'이었다는 것에 이견을 갖는 사람이 딱히 있을지 모르겠다. 헬조선 담론은 수저계급론으로 대표되는 부와 지위의 세습에 대한 이야기와, 여성혐오와 세대 차이로 대표되는 문화적 측면으로 이루어져 있다. 즉 단순히 세습만이 문제인 것도 아니고, 단순히 '미개'한 한국의 사회 문화가 문제인 것만도 아니다. 가난한 사람들에게는 상승의 희망이 없고, 고등교육을 받고 선진문물을 접한 이들에게는 도무지 이 나라가 '문명화'될 기미가 안 보인다. 그런데 요즘 청년층은 고등교육을 받고도 가난한 이들이 대다수다. 결국 어느 측면에서도 이 나라에 뿌리를 내리고 정을 붙일 수가 없으니, 이들은 한국인의 몸 안에 갇힌 국제 미아

가 될 수밖에 없다.

만약 이 험난한 와중에 한국에서 여성으로 살아간다면 짐이 몇 배는 더 얹어진다. 다행히 법은 여자도 사람이라는 놀라운 사실을 인정했지만, 이 땅의 남자들은 아직 그 소식을 받아들이지 못하고 있다. 양식 있어 보이는 이들도 "요즘엔 역차별…"이라고 운을 떼며 비릿한 미소를 짓는다. 그래서 이 '여성 상위 시대'에 여자들이 시끄럽게 주장하는 것이, "강간하지 말라", "몰카 찍지 말라", "소라넷에서 하는 일은 범죄다", "헤어지자고 했다고 염산을 뿌리지 말라" 같은 말이다. 하지만 이 땅의 많은 남자들은 그 말이 너무나도 놀랍고 급진적이고 역차별적이어서 강간보다 나쁘다고 매일같이 거품을 물며 주장하고 있다.

여기에 장애인, LGBT, 비백인 유색인종, 이주 노동자 등등의 수많은 소수자성이 더해지면 더해질수록 이 땅은 점점 존재들에 대한 중력을 상실한다. 이 중 여지가 있는 이들, 또는 의지가 강한 이들은 이른바 '탈조선'의 과업에 성공한다. 어디를 가도 천국은 아니라는 말이 울려 퍼지고 있으나, 그래도 여기보단 낫다는 것이 요즘의 중론이다. 하지만 어떻게 해도 청년들이 모두 "나라가 텅텅 비도록" 해외로 떠날 수는 없는 일이다.

이젠 어엿한 기성에 속하는 일각에서는 우리가 자꾸 '지기 때문에' 그렇다고 주장한다. 예전에 그랬던 것처럼 다시 한 번만 이기면 모든 것이 좋아질 것이라고 말이다. 하지만 우리가 단지

이기지 못해서 자기가 나고 자란 땅에 대한 미련을 버리고 어디로든 떠나고 싶어하는 걸까?

나는 이 나라가 보여주고 있는 비정함에, 그리고 가치 없음에 그 책임을 묻는다. 적은 말할 것도 없고, 같은 편이라고 주장하는 이들도 나이, 성별, 학벌, 계급 같은 것을 들이대며 자기보다 조금이라도 낮은 자들을 찍어 누르고 뜯어먹기에 여념이 없다. 여성혐오의 반대자들 사이에서는 "진보 꼰대"에 대한 악평이 "일반 꼰대"를 누른 지 오래다. 뭐라도 하나 지적할라치면 내가 얼마나 힘든 투쟁의 삶을 살아왔는지를 구구절절 늘어놓으며 "억울하다!"를 외쳐대는 왕년의 진보 명망가들이 여전히 그 구질구질한 명망을 유지하고 있다. 승리를 위해서는 동료들의 고통을 제물로 삼을 수도 있다는 섬뜩한 전략들이 악몽처럼 떠돈다. 정작 커다란 상처를 입은 당사자들은 함께 싸워달라는 말조차도 조심스러워하는 반면, 그들을 위한다고 주장하는 어떤 이들만이 너무나도 쉽게 다른 이를 심판하려 드는 패턴은 정형화되었다. 물론 당사자가 입을 다물고 선량한 피해자의 역할을 떠안아야 할 이유는 하나도 없지만, 글쎄, 적극적인 피해자 앞에서 가장 당황하는 것은 다름 아닌 저 심판 중독자들이다.

그리고 무엇보다도 중요한 것은 우리들에게 이 모든 것을 견뎌야 할 단 하나의 이유가 없다는 것이다. 대체 누가 무엇을 위해서 이 고통을 참고 견디자고 감히 말할 수 있을까? 오늘날 시대의 역행을 고발하는 모든 말들은 우리가 새로운 사회를 만들어내지 못했고, 그래서 무너져 내렸다는 고백이나 다름없다. 떠나지 못하는 이들을 위해, 또 칼바람을 맞으며 버티고 있는 이들을 위해 우리는 새로운 깃발을 들어야 한다. 힌트를 하나 주자면 그것이 민주화, 선진화, 국정화는 아니다.

* 〈경향신문〉 2015.12.29.

# 2016

어쩌면 이 국가는 단 한 번도
우리를 위해 존재하지 않았을 수도 있다

# 청년세대는
# 탈조선을 꿈꾸는가?

얼마 전까지만 해도 그들은 자신을 착취하는 최저임금 이하의 일
자리라도 좋아하는 일을 한다며 '열정노동'이라고 자기기만에 취
해 있었다.

– 〈중앙일보〉 2016.01.12. 장하성 칼럼 "'헬조선'을 '헤븐 대한민국'으로"

◉------- 위의 황당한 글을 살펴보려면 먼저 개념을 명확히
할 필요가 있다. '열정노동'은 내가 공저했던《열정은 어떻게 노
동이 되는가》에서 만들어낸 개념이다. '열정+노동'이라는 낯선
개념을 만들게 된 것은, 사실상 강요된 자발성을 빌미 삼아 노
동의 가치와 대가를 깎아내리는 행태와 구조를 고발하기 위해
서였다. '하고 싶은 일을 한다'는 자발성이 '그러므로 노동의 대

가를 정당하게 지불하지 않겠다'와 연결되는 새로운 착취 구조가 등장하고 있다는 이야기였다. 열정노동은 이후 등장한 '열정페이'라는 개념을 통해 더욱 확산되었고, 그것을 통한 청년들의 저항도 산발적으로 있어왔다. 어쨌거나 열정노동, 열정페이라는 개념은 현실을 냉철하게 인식하기 위해 만든 언어이지, 현실을 부정하고 자기기만에 빠지기 위해 만든 것이 아니다. 장하성 교수는 이 개념을 정반대의 의미로 사용한 셈이다.

물론 가벼운 실수 정도로 넘어갈 수도 있다. 하지만 청년들이 자신의 현실을 인식하기 위해 만들어낸 개념을 오용하여 청년들을 비난하는 데 사용해놓고선, 청년에게 세상을 바꾸라고 말하는 것은 좀 모순적이다. 그간 많은 청년들이 다양한 방식으로 현재의 세계를 인식하고 변화의 지점들을 모색하려고 애썼다. 비록 이런 노력들이 미진하고 실패했을지언정 면밀한 검토도 없이 청년들이 '순응해왔으나 요즘 들어 변했다'고 단정하는 것은 불성실한 태도다. 무엇보다도 요즘 들어 변했다고 주장하는 근거가 이른바 '헬조선' 담론이라면 더더욱 그렇다.

헬조선 담론, 그리고 수저계급론이 점점 더 지옥으로 변하는 한국 사회에 대해 비교적 정확한 진단을 내리고 있음은 분명하다. 그러나 헬조선 이전의 청년들이 자기기만에 빠져서 현실에 순응하며 살고 있었다는 것은 생뚱맞은 이야기다. 2007년 《88만 원 세대》 이후로 청년들은 현 상황을 바꿔보기 위해 수많은 모색들을 해왔다. 그럼에도 많은 청년들은 한국 건국 이래로 가장 영향력 없는 세대로서 20~30대를 보냈고, 청년을 위한다던 수많은 말들은 대부분 부도수표가 되어 사라졌다. 헬조선은 이런 실패와 기만의 폐허 속에서 등장했고, 그 과격한 수사와는 다르게 짙은 체념의 정서가 가득하다. 헬조선은 바꿀 수 있는 땅이 아니라, 모든 희망이 사라진 땅이고, 그래서 청년들은 더더욱 각자도생의 운명 속에서 허우적거리며 '헤븐 대한민국'이 아니라 '탈조선'을 꿈꾼다.

헬조선은 청년들이 변하기 시작했다고 기뻐해야 할 신호가 아니라, 그들이 희망을 완전히 버리고 있다는 엄중한 경고로 읽어야 한다. 지금 청년들에게는 자원도, 경험도, 기회도 없다. 행동하기 위해 시위라도 나갈라치면 수백만 원에 이르는 경찰의 벌금 통지서가 기다렸다는 듯이 날아온다. 차별과 위계의 문화가 청년들을 촘촘한 격자 속으로 몰아넣는다. 이곳을 지키고 변화를 위해 싸울 이유를 찾기는 점점 어려워진다.

무엇보다도 가장 치명적인 것은 함께 힘을 합하면 무언가를 이룰 수 있을 것이라는 믿음이 실종되었다는 것이다. 사회를 바꾸겠다는 이들조차도 청년들을 데려다가 '열정노동'을 시켰고, 손톱만 한 권한과 자원을 제공하는 것을 빌미 삼아 청년들 간의 무한경쟁을 주문하는 오디션 장을 열어대기 일쑤였다. "청년이여 행동하라"는 "행동하지 않는 청년은 개새끼다"로 곧잘 바뀐다. '무엇을 위해 싸울 것인가?'라는 질문에도 사회는 대답하지 못했다. 결국 이 빈 공간을 가득 채운 것은 자기방어적인 냉소와 타인과 관계를 맺는 노력을 대체하는 혐오다.

상처받은 청년들의 차가운 심장을 깨우는 일은 공허한 말이나 당위로는 불가능하다. 청년의 등을 떠밀었던 수많은 손들은 모두 청년을 동원의 대상으로 보았기에 차가운 냉대를 받아왔다. 모름지기 사람을 움직이고 싶다면 이른바 '쏘울'이 필요하다. 그게 안 된다면 최소한의 성의라도.

＊ 〈한겨레〉 2016.01.20.

# 말들의
# 진공

⊙------- 좀처럼 주제를 찾기 어려웠다. 처음에는 팔자에 없던 직장인 생활을 하느라 그런 것이라고 생각했다. 사람에 따라 차이는 있겠지만, 글쓰기에는 읽는 데 드는 시간보다 최소 수십 배에 달하는 시간이 필요하다. 하지만 한국 사회의 대다수 직장인들이 그렇듯, 이런저런 것들이 복잡하게 들고 나는 머릿속으로 글을 쓰기란 쉽지 않은 일이다.

하지만 나는 이내 이 가설의 일부만을 수용했다. 여유가 없는 것은 맞지만, 단지 그 문제는 아니었다. 사실 최근 나는 계속해서 글의 쓸모에 대한 근원적인 회의에 빠져 있었다. 이럴 때마다 주문처럼 되뇌곤 하는 말은 '고작 글로 단번에 바뀔 수 있는 그런 만만한 세상은 없다'는 만고의 진실이었다.

그럼에도 글을 기다려주는 사람들이 있고, 누군가에게는 영감을 제공할 수도 있으며, 그것이 미약하나마 세계를 더 나은 곳으로 만들지도 모른다는, 가끔은 천형 같은 희망들도 떠올렸다. 어쨌거나 10년 동안 두들겨온 키보드 말곤 딱히 뾰족한 재주나 기술도 없다는 냉혹한 현실도 재확인했다. 지독한 악필의 소유자라서 손으로는 글마저도 쓰기 어렵다는 것도 기억해냈다.

하지만 석연찮음은 여전히 사라지지 않았다. 왜일까? 나는 억압받는 '노동자'라고 적으려고 했다. 그러자 놀랍게도 대통령이 나타나 그들이 "노동 기득권"이라고 말했다. 내가 알기로 지금의 노동자들은 일하다가 죽거나, 해고당해 굶어 죽거나 둘 중 하나를 택하도록 내몰리고 있는데 말이다. 내가 과문한 탓인가? 해서 이번에는 평생 가난한 비정규직으로 살게 될 '청년'이라고 적으려고 했다. 그러자 정부에서 "청년들을 위해 노동 개혁을 해야 한다"고 외쳤다. 현행법 때문에 2년 동안 일하고 잘린 장그래를 위하여, 앞으로는 4년 동안 일하고 잘릴 수 있게 해주겠다는 이야기였다. 나는 '공정'한 사회라고 적으려고 했다. 그러자 정부에서 "공정 인사"를 해야 한다고 말했다. 앞으로는 일 못하는 직원을 사장님이 공정하게 자를 수 있게 되었다는 이야기였다. 나는 '차별'받는 소수자라고 적으려고 했다. 그러자 갑자기 수많은 이성애자, 비장애인, 남자들이 나타나서 자신들이 "역차별"을 받고 있다고 외쳤다. 예전에는 성소수자, 장애인, 여자들을 함부로 대해도 아무런 문제가 없었는데, 갑자기 잘못이라고 몰아세우는 것은 자신들의 인권을 침해하는 일이라는 것이다. 마지막으로 나는 '자유'라고 쓰려고 했지만, 이내 나타난 수많은 "자유"들에 목이 졸리는 것 같아 그만두었다.

저 말들을 쓰고, 발음하고, 외치기 위해 흘려야 했던 수많은 피와 땀들을 떠올리자 나는 아득해졌다. 옛날 그 말들을 폭력으로 틀어막으려 했던 이들이, 이제는 천연덕스럽게 그 말들을 주워섬기고 있다. 하나의 말을 땅에 뿌리내리게 하는 것은 너무나 어려운데, 그것을 썩고 빛바래게 만드는 것은 너무도 쉽다. 의미를 비틀고 꺾어서 정반대의 것으로 만드는 것도 승리다. 개념을 아무렇게나 지껄여대서 더 이상 아무것도 지시하지 못하게 만드는 것도 승리다. 오용과 사유화(私有化)를 반복하기만 하면, 개념은 더 이상 어떤 것도 비추지 못하고 추락하고 만다. 싸움은 시작부터 불공평하고, 승리는 이죽거리는 자들의 것이다.

어떤 이들은 맞서서 말을 지키려고 했다. 다른 이들은 새로운 말을 찾아 떠났다. 그러나 지키는 힘은 역부족이었고, 새로운 말들은 허공에서 맴돌았다. 물론 그중에서도 가장 최악이었던 부분은 앞장서서 그 말들을 더럽혀 자신의 하잘것없는 영달을 위해 썼던 왕년의 투사들이다.

그래서 우리가 지금 맞이한 것은 말의 진공 상태다. 분노를 전하고, 비판하고, 지침으로 삼아야 할 말들이 더 이상 내 손에 있지 않다. 어떤 이들은 같은 말을 반복하며 퇴행으로 빠져들고, 어떤 이들은 실어증에 걸린 듯 입을 닫는다. 우리에겐 살아있는 말들이 필요하다. 폐부를 찌르고, 어리석음을 꾸짖고, 힘을 줄 불온한 말들이.

\* 〈경향신문〉 2016.01.28.

# 열정노동 X 잉여사회
## _ 잉여사회와
## 노동의 패망

**#열정노동**

열정노동은 2011년에 발간된 공저 《열정은 어떻게 노동이 되는가》에서 만들어
낸 개념이다. 이후 2012년 5월 인디음악 잡지 《칼방귀》 2호에 실린 김간지의
"열정페이 계산법"이라는 글에서 "열정페이"라는 개념이 등장하여 보편화된다.
2016년 1월에는 고용노동부에서 인턴에게 야간과 주말 근무를 금지하는 '일경
험 수련생에 대한 법적 지위 판단과 보호를 위한 가이드라인'을 열정페이 금지
방안으로 발표했으며, 국회에서도 관련 입법 시도가 있었다.

## 11년

⊙-------   《88만원 세대》가 나온 지 11년이 넘었습니다. 이
책은 한국에서 세대론을 유행시켰습니다. 당시 기준으로 20대
들이 평생 동안 한 달에 88만 원 정도를 버는 비정규직이 될 것
이라는 전망이 이 책의 제목이자 핵심이었고, 그러므로 무엇이
든 해야 한다는 것이 메시지였습니다.

이 책이 나올 당시만 해도, "20대 당사자"였던 저는 이제 완연
한 30대가 되었습니다. 하지만 처지부터 시작해서 상황까지 별
로 바뀐 것은 없습니다. 아니, 없는 것은 아니네요. 상황은 순조

롭게 악화되었고 급기야 헬조선을 넘어서, 78만원 세대[12]의 시
대가 도래했습니다. 그리고 그사이 우리는 무기력해졌습니다.

지난 11년간 수많은 언론, 출판계, 정치권, 시민사회, 정부가
"청년!"을 외쳤습니다. 청년이 불쌍하고, 청년의 미래가 어둡고
뭐 그렇다는 이야기가 많았죠. 하지만 해결된 문제는 딱히 없었
습니다. 아마도 기성세대의 청년에 대한 입장은 여전히 "청년들
이 불쌍하다… 우리 자식은 저렇게 되면 안 될 텐데" 정도가 아
닐까 싶네요.

## 열정노동

《열정은 어떻게 노동이 되는가》에서 만들어낸 열정노동이라
는 개념은 1990년대 말 외환 위기와 함께 시작된 한국 사회의
신자유주의적 개혁에서 본격화된 노동의 질적 변화를 모색해보
기 위한 것이었습니다. '열정이라는 사적이고 주관적인 에너지
가 어떻게 자본주의 노동 체제 안으로 포섭되었는가'를 열정노
동을 통해서 고찰해보고 싶었습니다.

---

**12** 통계청이 발표한 '2017년 가계금융·복지조사' 자료에 따르면 2016년 기준 30세 미만
하위 20%에 해당하는 가구의 월평균 소득이 78만 1000원으로 조사되었다. 이는 2013년
90만 8천 원이였던 것이 지속적으로 하락해온 결과다. 30세 미만 연소득 1000만 원 미만
가구의 비중 역시 2013년 4.4%에서 2016년 8.1%로 증가했다.

이 변화가 가장 먼저 일어난 곳을 일과 취미가 하나로 융합된 영역, 이른바 문화산업으로 보았습니다. 한국의 대중문화는 오랜 시간 동안 군부독재의 권위주의적 통제와 검열을 받아왔습니다. 그러다가 1987년 민주화를 통한 정치적 자유와, 중공업 중심의 수출 경제를 통한 경제적 성장이 만난 1990년대에 문화에 대한 대중의 열망이 청년세대를 중심으로 대대적으로 터져 나오기 시작했습니다. 한국에서 그 문화적 선봉에 서 있었던 이들은 자생적으로 암암리에 생겨났던 오타쿠(당시 표현으로는 마니아)였고, 이들은 일본과 미국의 선진 문화를 개인적으로, 비합법적으로 향유하다가 1990년대 말의 PC통신과 인터넷 등을 통해서 네트워크를 만들고 취향이라는 새로운 전선을 만들어냅니다. 그러나 이것은 한국의 역사 문제(특히 한일 관계)와 근면 성실을 강조하는 군부정권의 정서적 헤게모니 등에 의해 사회의 지탄을 받게 됩니다.

1997년 금융 위기의 파장 속에 집권한 김대중 정부는 다양한 분야에 걸쳐서 신자유주의적 개혁을 단행하는 한편, 위기를 맞이한 중공업 중심의 산업 구조를 넘어설 새로운 성장 동력을 찾습니다. 이를 통해 문화산업이라는 개념이 본격적으로 한국에 등장하게 되고, 정부는 이를 대대적으로 장려·육성하기 시작합니다. 대학에는 만화, 게임, IT 관련 학과들이 생겨나기 시작했고, 정부의 지원 속에서 문화산업의 장이 열리기 시작했습니다.

그리고 이 새로운 장에 사회적 지탄을 받던 오타쿠들이 속속들이 입성합니다. 이들은 자신이 너무나도 좋아하는 게임과 만화와 영화를 만들기 위해 헌신적으로 노력했고, 한국 사회에는 일과 취미가 구분되지 않는 노동 형태가 최초로 등장합니다. 이들은 기꺼이 높은 노동 강도를 스스로 감당했고, 고용 보장이나 복지를 요구하지도 않았습니다. 이들은 스스로를 노동자가 아니라 좋아하는 것을 직업으로 삼게 된 행운아이자, 창의적 인재, "자기 경영자"로 여겼습니다. 이들에게 노동자란 구시대적이고 칙칙하고 규율에 얽매인 존재였을 따름입니다.

## 열정과 처벌

저는 이 과정을 '열정의 시초축적'이라고 부른 바 있습니다. 어쨌거나 우리들의 시대에 "노동자가 되라"는 말은 일종의 저주처럼 들립니다. 이는 당연히 자연스러운 일이 아닙니다. 1980년대에 "내가 좋아하는 것을 직업으로 삼아야 한다"는 말을 하는 사람이 있다면 정신 나간 사람 취급을 당했을 가능성이 큽니다. 그러나 이 말은 1990년대 후반을 경유하여 2000년대에 와서는 너무나도 당연해졌습니다. 여기에는 기존의 노동자들이 누리고 있던 것, 즉 평생 고용, 호봉제, 회사를 중심으로 하는 복지 제도, 가족 임금 체제 같은 것들을 무너뜨리기 위한 자본과 국가의 이념적이고 파괴적인 공격이 함께했습니다. 불안정함을 받아들이고, 스스로를 노동자가 아니라 경영자로 여기고 행동하지 않으면 시대에 뒤떨어지고 도태된다는 사회적 서사를 만들어냈습니다. 동시에 조직된 노동의 모든 것은 온갖 수단과 방법을 동원해서 잔인하게 때려 부수었습니다. 노조의 파업에 대해 천문학적인 액수의 손해배상 청구 소송을 시작한 것도 이 즈음입니다.

그리고 초창기의 오타쿠들에게서 발견되었던 노동의 한 상태, 즉 "나는 내가 좋아하는 일을 한다. 그러므로 나는 노동자가 아니다"라는 것이 점점 모든 영역으로 확장되기 시작합니다. 채용 과정은 점점 오디션으로 변해가고, 자발성, 열정 같은 것이 보이지 않는 이들을 가차 없는 탈락을 통해 처벌하기 시작합니다. 당연히 모든 사람이 열정을 가지고 일을 할 수는 없습니다. 이는 결국 모든 사람이 열정과 자발성을 연기하고 연출해야 하는 압력으로 이어집니다. 이 압력을 정당화하는 것은, 줄어든 일자리를 노리고 있는 수많은 '산업 예비군'입니다. '네가 아니어도 할 사람은 많기 때문에, 너는 열정적이지 않으면 안 되는 것'입니다.

일찍이 마르크스는 노동과 노동력을 구분한 적이 있습니다. 거칠게 말하면 노동은 돈을 받고 일을 하는 것이고 노동력은 돈을 받고 몸과 시간을 제공하는 것입니다. 그러나 열정노동은 여기서 더 나아가서 자발성까지 요구합니다. 노동 시간이나 과정은 물론이고 심지어 취미나 취향, 개인적 성향 같은 것도 맞아야 합니다. 우리를 노동의 고통으로부터 해방시켜줄 것 같았던 새로운 바람이 우리를 더 깊은 속박으로 밀어넣기 시작한 것입니다.

## 잉여사회

아주 거칠게 말해서 오늘날의 자본주의는 기술이 발전해 10명이 하던 일을 5명이 할 수 있게 되면 7명을 자르고 3명에게 일을 시키다가 누군가가 쓰러지면 다른 사람으로 바꾸는 식으로 돌아갑니다. '과로로 죽거나, 굶어 죽거나'라는 극단적인 선택지가 수많은 이들에게 강요됩니다. 이런 상황에서 이 열정노동의 굴레마저 얻지 못한 다른 수많은 이들은 사회의 쓰레기, '잉여'가 됩니다.

유령과 좀비는 오늘날 잉여의 존재 방식에 대한 은유입니다. 유령은 실체 없는 영혼입니다. 좌절된 꿈, 이상, 욕망, 이념들이 존재를 얻지 못한 채 떠돕니다. 사이버스페이스는 이 유령들에게 가장 적합한 공간입니다. 좀비는 영혼 없는 육체입니다. 이들은 생각해서는 안 되고, 주장을 해서도 안 됩니다. 노동력, 육체, 몸뚱이 이들의 존재 이유이며, 여기서 벗어나면 제거될 것입니다.

효용성을 기준으로 모든 것이 배치되는 현대 자본주의사회에서 이들은 주로 바깥에 배치됩니다. 그러나 필요에 따라 이들에

게도 종종 미미한 자리가 주어지곤 합니다. 이들을 우주로 내다
버릴 수는 없기 때문에 어쨌거나 형식적으로는 지구에 속합니
다. 잉여-인간의 곤란한 물성은 흡사 핵폐기물 같은 것입니다.
그것은 존재하고, 경우에 따라서는 큰 위협이 되는 민감한 쓰레
기입니다. 이것을 어떻게 처리할 것인가는 권력의 중요한 문제
입니다.

잉여에게는 사회도, 역사도, 별다른 기원도 없습니다. 그래서
이들에게는 성장이라는 것이 불가능의 영역에 속하는 일이 됩
니다. "경험이 없으면 직업도 없는데, 직업이 없으니 경험도 없
다"는 미국 유머 사이트의 이미지가 이 곤경을 잘 보여줍니다.
직업뿐만이 아니라 이들은 관계를 맺는 법부터 시작해서 한 명
의 인간으로서 존재하기 위한 소양들을 갖추는 데에 어려움을
겪습니다.

## 가능성의 착취 혹은 흑화

다시 한 번 우리에게 주어진 선택지를 생각해봅니다. 열정노
동자가 되어 열정페이를 받으면서 살거나, 잉여가 되는 것입니
다. 아니, 우리는 열정노동자이자 잉여입니다. 오늘날의 사회는
우리의 가능성을 착취하며 굴러갑니다. 그러나 청년세대의 가능
성이란 결국 미래이고, 이는 다시 말해 현재가 미래를 착취하고

있다는 것입니다.

저는 《잉여사회》에서 잉여를 가능성이라고 이야기했습니다. 여기서의 가능성은 그야말로 가치중립적인 가능성입니다. 왜냐하면 이들이 사회로부터 배제될 뿐이지 그 존재 자체가 사라지는 것은 아니기 때문입니다. 이렇게 표현하면 어떨까요? "여기에 잉여-에너지가 있다."

착취당하지 '못한' 가능성들은 웹 공간을 떠돌거나, 각자도생을 위해 흩어지거나, 어느 골방에서 조용히 사라지기도 합니다. 때로 이것은 어떤 방향을 만나서 군집 어류처럼 움직이는데, 이 움직임은 일부는 반-자본주의적인 방식으로, 일부는 파시즘적인 방식으로, 일부는 자본주의에 포섭되어 나타납니다. 사실 이러한 카테고리들은 엄밀하게 구분되고 있다기보다는 혼재되어 있고, 체제에 대한 저항과 소수자 혐오가 한 사람에게서 나타나는 일도 적지 않습니다.

그리고 이것이 악몽적인 형태로 발현된 것이 일본의 재특회나 한국의 일베 같은 커뮤니티들입니다. 이 조직들은 확고한 이념에 의해서 뭉쳤다기보다는 현실에서의 불만족이 놀이와 혼합되어 만들어진 조직들이고, 웹의 익명성과 집단성을 이용해서 소수자를 공격하고, 민주주의를 교란하며, 자신들의 즐거움을 위해 다른 모든 것을 망쳐놓으려 합니다. 이들의 악덕은 이념이나 잔인함보다는 비열함에 가까운 것입니다.

## 노답

자, 그럼 대체 뭘 어째야 할까요? 지난 11년간 나름 많은 사람들이 달라붙어 고민을 했으나 뾰족한 수를 찾지 못했습니다. 청년문제가 해결되지 않는 것은 청년이 무엇인지, 또 청년문제가 무엇인지에 대한 명확한 규정에 실패했으며, 그런 이해관계에 대하여 따져 묻고 저항할 청년들에게 힘이 없다는 것에서 비롯되는 것입니다.

선거 때마다 정당들은 청년문제를 해결하겠다며 일자리를 두고 배팅 싸움을 벌입니다. 하지만 자본 권력에 대한 개입 없이 해결은 불가능하고, 결국 제대로 지켜진 적은 한 번도 없습니다. 또 생각해보면 과연 일자리가 늘어나는 것으로 청년들의 문제가 해결될까요? 우리들이 겪고 있는 문제들은 경제 즉 일자리의 문제와 더불어 문화적인 문제들이 결합되어 있습니다. 나아가 가장 중요한 것은, 무엇을 위해 싸울 것인가라는 질문에 아무도 답을 하지 못하고 있다는 것입니다. 각자가 자신이 빠져 있는 지옥에서 나오고자 하는 마음은 굴뚝같지만, 혼자 힘으로는 불가능합니다. 하지만 이들을 한데 모아줄 가치나 이념이 우리에겐 없고, 지난 시간 동안 가지고 있었던 가치들은 모두 오염되거나 변색되었습니다. 결국 함께 모여서 손을 맞잡으면 무언가를 할 수 있다, 바꿀 수 있다는 생각 자체가 우리들에게 존재하지 않습니다.

선불리 행동하자고 말하기는 어렵습니다. 이미 많이 실패했으니까요. 그렇다면 일단 그 실패들을 공유하고 돌아보면서 교훈을 얻어내야 합니다. 그리고 정말로 혼신의 힘을 다해 곰곰이 생각해야 합니다. 무엇이 우리를 만나게 해줄까요? 무엇이 우리를 감싸고 있는 이 패배와 체념으로부터 벗어나게 해줄까요? 우리는 어디에서 '희망'을 찾을 수 있을까요?

전 아직은 모르겠습니다. 같이 고민해봅시다.

* 《무업사회》 출간 기념 한일청년비교포럼 발표원고 2016.02.19.

# 피해자와
# 소비자

#피해자 #불매운동

피해자와 소비자는 오늘날 한국 사회에서 힘없는 사람들이 주권과 발언권을 행
사할 수 있는 거의 유일한 존재 방식이다. 이 둘은 종종 하나로 합쳐지기도 한
다. 불매운동은 이런 배경에서 오늘날 중요한 정치적 의사의 표현 방식으로 자
리 잡았다. 이것은 단순히 물건을 구매하지 않는 것을 넘어 각종 단체 혹은 국가
에 대해서도 벌어진다.

◉------- 피해자는 다른 개인이나 집단, 혹은 사회로부터 피
해를 입은 자다. 피해자는 그런 일을 겪을 이유가 없었음에도 그
런 일을 겪은 사람이고, 정도에 따라 차이는 있더라도 기본적으
로 무고하다. 그러므로 그에게는 억울해할 권리가 있고, 자신의
억울함을 호소하며 잘못된 상황들을 바로잡아달라고 청원할 권
리도 있다.

피해자의 대척점에는 가해자가 있다. 가해자는 직접적인 피해
를 끼친 존재, 혹은 피해의 원인을 제공한 존재다. 따지고 보면
피해자보다 더 모호한 것이 가해자다. 피해는 한 개인에게 나타
나는 명확한 사실임에 반해, 가해는 개인, 집단, 심지어는 제도

나 법 같은 추상적인 것에서 발생하기도 하기 때문이다. 악의나 자의가 아니더라도 피해자가 생겨날 수 있고, 그래서 가해와 피해 사이의 정치는 복잡해진다. 거의 모든 종류의 분쟁에서 주체들은 피해자의 자리를 차지하기 위해 애쓴다. 결국 누가 피해자인지를 결정하는 것은 진실의 영역인 동시에 정치적인 영역이다.

소비자는 값을 치르고 무언가에 대한 권리를 구매한 사람이다. 값을 치르기만 하면 그것으로 무엇을 할지는 온전히 소비자의 몫이다. 가장 기본적인 형태는 물건과 돈을 교환하는 것이지만, 물건이 아닌 서비스나 경험 같은 것도 구매의 대상이 된다. 더 복잡하게는 정책이나 이념 같은 추상적인 것에 대해 정치적 지지, 표, 심지어는 목숨을 지불하는 경우도 있다.

소비자의 대척점에 있는 것은 판매자다. 가장 일반적인 판매자는 기업이라는 형태로 존재하지만, 각종 사회단체와 정부도 때때로 판매자가 된다. 그 정도에 차이는 있으나 판매자는 소비자의 권리를 보장해줄 책임을 갖는다. 다만 판매자의 규모가 크고 권한이 많을수록 이 관계는 지배에 가까운 상태로 역전되기도 한다.

어쨌거나 피해자와 소비자는 각각의 방식으로 권리를 획득했다. 이들은 오늘날 권력이 없는 자들이 발언권을 얻을 수 있는 가장 확실하고 정당한 경로이자 정치적 존재 양식이다. 이들에게 마땅한 몫이 주어져야 한다는 것에 이견을 갖기는 어렵다. 특히 한국 사회에서 이들을 취급하는 방식을 떠올려보면, 이들에게 더 많은 힘을 실어주어야 한다는 주장에도 이견을 갖기는 어렵다.

하지만 문제가 있다. 이 주체들에게는 명확한 한계가 있다는 점이다. 이들은 그 자체로 존재하는 것이 아니라 피동적인 방식으로만, 또 어떤 자격을 획득함으로써만 존재할 수 있다. 피해자들이 자신의 피해 속에 갇혀 있는 유순하고 순진무구한 희생양으로서의 위치를 거부할 때, 소비자들이 구매하는 자로서의 기능과 능력을 상실할 때 이들의 권리는 박탈된다.

때문에 피해자와 소비자는 확장과 연대의 주체라기보다는 제한과 고립의 주체다. 피해자는 순수성을 끊임없이 의심받는 가운데, 피해를 입은 개인의 존재 안으로 쪼그라들고, 소비자는 구매한 권리가 잘 작동한다면 만족하는 것 말고는 아무것도 할 수 없다. 이 두 존재 양식을 빌려 구현하려는 정치성 역시 같은 운명을 맞이한다. 일견 강력해 보이지만 한 발짝도 밖으로 뻗어갈 수 없는 외침들은, 어긋난 전선과 거짓된 만족, 그리고 가해자들과 판매자들이 기획한 자중지란 속에서 허약하게 허물어진다.

피해자와 소비자를 비난해야 할 이유는 하나도 없다. 다만 내가 하고 싶은 말은 우리들의 민주주의를 위해서는 자신의 자격에 대한 자기검열이나 겸양 같은 것을 좀 내려놓고 뻔뻔해질 필요가 있다는 것이다.

어슐러 K. 르 귄은 《빼앗긴 자들》에서 "존재가 정당성이며, 필요가 권리이다. … 죄책감은 착취자들에게 남겨두었다"고 썼다. 사실 나는 이 문장을 수식하기 위해 이 많은 말들을 했다.

＊〈경향신문〉 2016.03.10.

# 민주주의자
# 선언

#소신_투표

**2016.04.13. 박근혜 정부의 평가전이자 19대 대선의 기반이 되는 제20대 국회의원 선거 실시되다.**

⊙------- 선거철이 되면 기분이 묘해진다. 언론, 정당, 국가가 갑자기 나를 다섯 살짜리 취급하기 때문이다. 선거법도 그렇다. 선거법 안에서 유권자는 판단력을 갖춘 시민이 아니라 미풍에 흔들리는 갈대다. 선거법은 유권자와 후보자를 최대한 만날 수 없도록 만든다. 그뿐만 아니라 유권자들이 선거에 대해서 최대한 의견을 표명할 수 없도록 막는다. 막걸리와 고무신으로 선거를 치르던 시절에 대한 반작용이라고는 하지만 부자연스럽고, 제한적이다.

그뿐인가, 이번의 1여다야 구도에서 명확하게 드러난 것은 우리의 선거제도가 가지고 있는 거대한 맹점이다. 한 정당이 40%의 득표를 했다면 그 정당은 40%의 의석을 가져가야 하지만,

현실은 40%쯤의 지지를 받는 정당이 과반을 넘어 개헌선을 바라보는 실정이다. 선거제도가 유권자들의 소신 투표를 방해하고 실질적인 선택 압력을 넣고 있는 셈이다.

이런 구도 안에서 국민은 제도 정치와 정치인들을 믿지 않고, 그들 역시 국민을 믿지 않는다. 서로에 대한 불신을 전제로 하여 자극과 반응, 더하기와 빼기로 정치를 대체하는 것이 정치공학이다. 이는 다분히 현재의 선거제도가 가지고 있는 기만적 요소들에 의해 강제되는 것이다. 정치적인 선택을 가장 비정치적이고 기계적인 중립적 방식을 통해 해야 한다는 모순이 현 제도의 핵심이기 때문이다. 이 구도는 권력을 잡고 있으면서, 자원과 정보를 가진 대규모의 집단이 명백히 유리하다. 거대 양당이 선거법 개악에 합의하기로 한 것도 결국 빤히 보이는 계산의 결과인 것이다.

우리는 그간 현실을 압도하는 수많은 고통들에 대해 해법을 요구해왔다. 하지만 하나의 단순한 주장이나 요구도 제도 정치의 블랙박스를 거치고 나면 정반대의 주장이 되곤 한다. 청년을 위한 비정규직 확산, 테러를 막기 위해 자국민을 무제한으로 감청하는 테러방지법 같은 것들처럼 말이다. 정치공학이 막고 있는 것은 결론으로 나가기 위한 치열한 과정, 즉 정치 그 자체다. 아무리 단순해 보이는 인간도 보이는 만큼 단순하지 않으며, 그런 인간들이 모인 사회 역시 마찬가지다. 정치공학은 사회의 단

면도를 보고 이야기하지만, 그 단면도는 하루하루가 천차만별로 달라지는 여론조사처럼 문제의 근원에 접근하기 어렵다.

우리의 정치 제도가 대중의 정치적 열망을 끌어안지 못한다는 것은 명백해 보인다. 그런데, 그럼에도 불구하고, 우리는 민주주의의 품 안에 있다. 지금 우리는 원하든 원치 않든 스스로의 현재와 미래를 우리의 손으로 결정할 권한을 가진 이들이다. 물론 우리의 필요와 요구가 알아서 제도 정치에 반영되는 날은 결코 오지 않을 것이다. 그러나 우리가 어쩔 수 없는 조건이라고 생각하는 것들의 상당 부분을 포함해 우리는 변화를 일으킬 수 있다. 우리 손에 있는 것은 투표권만이 아니다. 우리는 언제든지 국가를 중지시킬 수도 있고, 경제 구도를 뒤바꿀 수도 있다. 이를 위해서 별다른 자격이 필요한 것도 아니다. 그저 민주공화국의 시민이기만 하면 그리고 많은 사람들이 그러기로 결심한다면 결국에는 해낼 수 있다.

우리는 주어진 자리에 만족하거나, 안주하거나, 때를 기다려야만 할 이유가 없으며 언제든지 박차고 나가 지금보다 더 많은 것을 요구할 수 있다. 우리는 지금 죄를 지어서 고통받는 것이 아니다. 그저 우리가 그 고통을 너무 쉽게 용인하고 있을 따름이다.

우리는 종종 우리가 어떤 존재인지를, 우리가 가지고 있는 그 궁극의 권한에 대해 까맣게 잊곤 한다. 그러므로 언제나 기억해

야 한다. 민주주의자로서 우리는 우리가 원하는 만큼의 미래를
거머쥐게 될 것이다.

　나는 민주주의자다. 그러므로 나는 나의 미래를 포기하지 않
을 것이다.

＊〈경향신문〉 2016.04.08.

2016.05.17.

**강남역 인근 화장실에서 여성 표적 살인 사건 발생**

이후 강남역 10번 출구에서 추모 집회가 열리다

# '청년' 같은 것은
# 없다

⊙------- 이 사회가 청년들에게 무언가 문제가 있다는 것을 감지하기 시작한 것이 2007년이다. 이전처럼 버릇이 없다거나, 너무 방탕하고 나태한 삶을 살고 있다는 등의 평범한 문제가 아니라, 이들의 미래가 어두울 것이라는 조금은 특별한 문제 말이다. 부랴부랴 청년으로 생각되는 이들을 불러들이고 말 좀 해보라며 자리를 깔기 시작한 이후, 나도 그 '청년'의 일원으로서 목소리를 내왔다. 참신하고, 톡톡 튀고, 새롭고, 도발적인 이야기를 좀 해보라며 다그치는 '어른들'의 기대를 무너뜨리고자 부단히 노력했지만, '어린애'의 이야기가 진지하게 받아들여지기는 쉽지 않았다. 그렇게 거의 10년에 가까운 시간 동안 청년의 목소리를 떠들던 나는 이제 33살[13]이라는 이도저도 아닌 나이가

되었다.

## 누가 진짜 청년인가?

아직도 나는 종종 '청년논객(필자)'이라는 이상한 직함으로 소개가 되곤 한다. 하지만 나는 이미 한국 사회가 청년 실업 통계에 포함하는 연령층인 만 15~29세를 한참 벗어났다. 각종 청년 정책이나 혜택에서도 벗어난 지 오래다. 그런데 또 각 정당에서 30대는 명실상부 청년 후보이고, 2030이라는 연령대 기준을 어느샌가 슬그머니 2040으로 바꾸며 30대를 청년권으로 되돌려 놓는다. 무엇보다도 글이나 말로 발표되는 나의 의견들에는 이것이 아직 새파랗고 세상 물정 모르지만 뭔가 떠들고 있는 청년의 견해라는 꼬리표가 언제나 따라붙는다. 대체 나는 청년일까, 아닐까?

사실 이런 혼란을 겪는 것이 나 혼자만은 아니다. 청년에 관해 오랫동안 떠들면서 알게 된 단 하나의 사실은 '청년'이라고 묶어서 부를 법한 단일하고 잘 구획되어 있는 존재들은 없다는 것이다. 크게는, 청년의 기준이 되는 나이부터 혼란스러울 뿐더러 그 결정은 다분히 '정치적'이다. 청년이라고 하면 아무도 이의를

---

13 지금은 무럭무럭 자라서 35세가 되었다.

제기하지 않을 20대만 잡아본다고 해도 각자가 처해 있는 상황이며 입장은 제각각이다. 청년문제라는 경향이 구조적으로 존재한다는 것은 명확한 사실이지만, 막상 그 문제의 당사자라고 부를 수 있는 집단으로서의 단일한 청년은 존재하지 않는다는 말이다.

생각나는 몇 가지 원인이 있다. 한때, 민주주의와 공익을 외치는 이들마저도 일각에서는 자녀를 주류로 편입시키고자 하는 욕망으로 들끓었고, 다른 일각에서는 자신의 숭고한 대의를 위해 자녀를 향해 교조주의를 휘둘렀다. 무엇보다도 왕년의 청년들은 부모가 되자 자녀들에게 아무도 믿어선 안 되며, 모두가 경쟁자이고, 무엇을 하든 최고가 되어야 한다는 사상을 주입했다. 여기에 청년세대가 한국 사회에서 겪었던 사회적 경험들이 더해져, 유아독존의 세계관이 이들의 머릿속에 자리 잡았다. 어차피 인생은 혼자 사는 것이고, 다른 사람의 사정 따윈 알 바 아니라는 지극히 합리적이고 비정한 세계관은 이들이 뭉치는 것은 극도로 어렵게, 흩어지는 것은 너무나도 쉽게 만들었다. 뭉치면 손해고 흩어지는 게 낫다. 게다가 이것은 현재 사회에서 경향적 진실이다.

환대가 곧바로 손해와 동의어가 되는 세계에서 타인에 건넬 것은 오로지 모욕뿐이다. 나에게 실질적 이득이 되거나 말거나 딱히 상관은 없고, 나보다 더 기분 나쁜 한 사람, 나보다 더 약한

한 사람을 차례차례 밟고 올라서는 것이 인생의 여정이 되었다. 모여서 무언가를 바꾸거나 이룰 수 있을 거라는 믿음이 사라지고 나면, '각자도생'이라는 네 글자가 오롯이 남는다.

## 이 시대, 청년정신은 없다

그래서 미안한 이야기지만, 오늘날 청년정신 같은 것은 없다. 청년정신을 들먹이는 사람들은 이미 청년이 한창 지난 사람들이거나, 혹은 그런 사람들에게 잘 보이고 싶어하는 몇몇 청년들뿐이다. 지침으로 삼을 만한 모든 인물과 사상들이 퇴색되거나 스러져갔다. 롤모델은 없고 반면교사와 타산지석만 넘쳐난다. 결국 '청년 어쩌구'에 대해 청년들이 날리는 냉소는 역사적으로 쌓여왔던 배신의 기억이 얼어붙은 것이다. 굳이 청년들의 '시대정신'을 하나 억지로 만들어보자면 다음과 같을 것이다. "믿을 수 없다. 믿지 않을 것이다. 왜냐하면, 나는 (또다시) 상처받고 싶지 않기 때문이다."

어떤 돌파구가 가능할까? '청년문제'에서 '청년'과 '문제'를 분리해보면 어떨까? 일단 청년을 젖혀두면 문제가 남는다. 이 문제에 동의하거나 바꾸기 위해 청년을 호명해야 할 필요는 딱히 없다. 사회적 경험도 자원도 없는 청년들이 무슨 수로 50년 넘게 쌓여온 문제들과 시스템을 일거에 해결할 해법을 찾아낸단 말인가? 그러므로 문제를 풀어야 할 책임 있는 이들은 자꾸 청년들에게 생색이나 내려고 할 것이 아니라 문제를 푸는 데 집중하면 될 일이다.

하지만 그렇다고 '청년'이라는 문제가 모두 해소되는 것은 아니다. 가령 일자리와 학자금이 해결되면 모든 청년이 다 행복해질까? 그렇지는 않다. 저 두 가지로 해소되지 않는 청년들의 고유한 문제와 사정이 분명히 존재한다. 그러면 그것이 이른바 청년의 문제의 진짜 시작점이다. 지금까지의 세계를 뒤로하고 앞으로 나아가기 위해서 어떤 것이 필요한지 바라보는 것.

결국, 청년문제의 해결이란 이런 일을 할 수 있도록 사회가 청년들에게 마음껏 사용할 시간과 공간을 마련해주는 일이다. 노력하지 않는다고, 자신에게 투표하지 않는다고 청년들을 을러대는 대신에 할 수 있는 일은 아주 많이 있다.

＊〈인문360〉 2016.04.28.

# 이 사사로운
# 불행

⊙------- 한국 사회의 모든 피해자들은 확실한 공통점을 가지고 있다. 그건 바로 한국 사회에서 피해를 입으면 어떻게 되는지 다른 이들에게 보여주는 본보기가 되었다는 것이다. 이것은 어떤 악순환을 일으킨다. 피해자들을 모욕하면서 그들의 상처를 헤집어놓은 까닭에 피해자들은 이미 겪은 사건의 상처에 더해, 감당하기 어려운 고통을 겪어야 한다.

아무리 심신이 건강한 사람이라도 이런 상황에서 멀쩡한 상태를 유지하는 것은 불가능에 가깝다. 그렇게 한 번 두 번 터져 나오는 피해자들의 이상 행동을 두고 사회는 그들이 원래부터 이상하고, 사실상 피해를 당할 만했으며, 피해를 빌미 삼아 사회에 기생하려는 파렴치한 존재였다는 것을 입증하려 한다.

이렇게 피해자를 괴물로 만들어놓고 사회는 그들에게 발생한 불행이란 결국 그들 자신의 것이었으니 우리는 아무런 상관이 없다며 손을 씻는다. 즉 피해자를 모욕하고, 괴물로 만들고, 그들에게 발생한 불행을 사사로운 것으로 만드는 게 오늘날 한국 사회가 피해자를 대하는 방식의 전형이다.

어쩌면 사형 제도보다도 훨씬 더 잔혹한 이 과정에 보통 사람들은 거의 침묵하게 된다. 이것은 일종의 공갈 협박 효과라고 보는 것이 맞다. 불행을 입에 담지 말고, 불행을 피하고, 오로지 안전하게 초원 한가운데를 거니는 양떼의 무리에 끼어 있는 것만이 중요해진다. 종종 피해자 본인보다도 더 비대해진 피해의식을 갖게 된 '잠재적 피해자'들은 할 수만 있다면 사회를 하나의 거대한 무균실로 만들고 싶어한다. 불행의 작은 씨앗이라도 달라붙을까 전전긍긍하며, 내가 불행으로부터 안전할 수만 있다면 국가에게 더 큰 권력을 주어도 상관없다고 주장한다.

불행을 피하기 위한 예방적 조치들은 점점 강박적 조치로, 결벽적인 태도로 이어진다. 합리적 세계를 만들라는 합리적 요구는 점점 증폭되어, '무통'한 사회에 대한 요구로 바뀐다. 고통도, 트라우마도, 불행도 없이 오직 평온과 안락만을 제공하는 어떤 세계 말이다. 그러나 어떤 시스템도 모든 불운으로부터 우리를 지켜주지 못한다. 되레 점점 늘어나는 위협 요인들의 목록을 보며 왜 간편하게 자살을 택하면 안 되는지를 고민하게 될 가능성이 더 크다.

불행을 우리들의 삶으로부터 몰아내려는 모든 호들갑은 실패할 것이다. 그러나 그 호들갑의 효과는 뒤따라올 좌절보다도 더 큰 것이다. 우리가 강박을 가지면 가질수록, 그것은 우리의 삶을 지배할 것이기 때문이다. 무엇보다도 이런 세계관은 피해자를 포함한 모든 사람들이 스스로 설 수 없도록 만든다.

이 세계관은 인간을 지금 맞이한 불행과 다가올 불행에 의해 규정된 수동적인 존재로 만들고, 만남이 아니라 폐절과 고립으로 이끈다. 작은 상처에도 쉽게 굴복하고, 새로운 것과 다른 것을 피하게 한다. 세계는 점점 좁아지고, 가능성들은 질식한다. 결국 그 어떤 피해자도, 또 예비적 피해자도 구제하지 못한 채 사고사와 폐사만이 유일한 미래로 주어진다.

물론 예비할 수 있었거나, 막을 수 있었던 것들에 대해서까지 해결하려는 노력을 멈춰야 한다는 것은 아니다. 이런 노력이야말로 우리가 숙명적인 불행으로부터 얻을 수 있는 거의 유일한 것이기 때문이다. 그러나 더 중요한 것은 불행을 우리 삶과 사회의 한 부분으로 받아들여야 한다는 것이다. 불행한 일이 발생했다는 사실에 호들갑을 떨거나 모른 척하는 것이 아니라, 그것이 누구의 창문으로도 날아들 수 있다는 것을 인정해야 한다.

그리고 나면 불행을 맞아들인 이웃을 위해 힘을 보태는 것이 혹여 나에게도 날아들지 모르는 불행에 맞서는 가장 확실한 방법이라는 것을 누구나 깨달을 수 있게 되지 않을까.

＊〈경향신문〉 2016.05.12.

# 국가와
# 죽음

#백남기_농민_사망

**2016.09.25. 1차 민중총궐기에서 물대포를 맞고 의식불명 상태이던 백남기 농민이 사망하자 경찰이 부검 영장 집행을 시도했으며, 유족과 시민 500여 명이 대치해 저지하다.**

⊙------- 인류가 세상에 나타났을 때, 죽음도 함께 있었다. 죽음은 지구의 운명을 좌우하게 된 콧대 높은 인류가 여전히 극복하지 못한 영역이다. 어쩌면 이 정해진 운명에 대해서 필멸자로서의 인류가 쳐왔던 발버둥의 흔적이 이름하여 '문명'일 터다. 무리를 짓고, 종교를 만들고, 자신의 육신이 다한 이후에도 기억되기 위하여 무언가를 위해 노력한 흔적들의 총체가 그것이니 말이다.

그리고 그 노력의 산물 중 하나가 다름 아닌 국가다. 국가의 기원과 발전 과정에 대해서는 학자들 간에 이견이 있을지라도, 그 핵심 기능이 국가에 속한 구성원의 생명을 보호하는 일이라는 점에서는 아닐 것이다. 너무 오랜 시간 익숙해져서 잊어버렸을지도 모르지만, 사람들이 국가의 말에 따르기로 하는 것은 어디까지나 국가가 나를 보호해준다는 전제가 있을 때만이다. 이 약속을 깨트린 국가를 국가라고 부를 수는 없다.

그런데 그 국가가 살인을 저질렀다. 모든 사람들이 고 백남기 농민을 향하는 물대포를 보았다. 이 사건에 미스터리는 없다. 물줄기가 뿜어져 나왔고, 농민이 쓰러졌고, 그 이후로 의식불명 상태에서 10개월여를 힘겹게 투병하다 결국 세상을 떠났다. 증거와 목격자가 넘쳐나고, 미심쩍은 부분도 없다.

국가가 혐의를 받고 있는 다른 죽음들은 하다못해 사고였노라고 주장할 여지라도 있었다. 그러나 이건 모든 사람들이 보는 앞에서 총으로 사람을 쏜 것과 다를 바 없는 일이다. 이 사실이 왜곡되기 위해서는 초자연적인 무언가가 개입하는 것 말고는 방법이 없다.

그런데 국가는 자꾸 이 사건의 장르를 미스터리 추리극으로 만들고 싶은 모양이다. 멀쩡하던 사람이 물대포를 맞고 사경을 헤매다가 세상을 떠났는데, 왜 죽었는지 알 수 없기 때문에 부검을 해봐야 한다고 우겼고 결국 영장이 발부되고야 말았다.

고작 정권 차원의 면피를 위해, 말조차도 아닌 모호하고 구역질나는 무언가를 공식적으로 토해내기 위해, 억울한 죽음을 맞이한 고인의 시신을 파헤치려 한다.

아무도 해치지 않은 한상균 민주노총 위원장은 그 시위를 주도했다는 이유로 5년형을 선고받고 옥살이를 하고 있는데, 같은 광장에서 벌어진 살인 사건에 대한 심판은 끔찍하게도 더디다. 그 와중에 음모론자들과, 폴리스 라인을 밟았으니 죽어 마땅하다는 얼치기 법치주의자들이 고개를 내밀었다. 이들의 목적은 진실을 빌미 삼아 진실에 먹칠을 하고, 세상의 모든 사람들에게 바보가 되라며 협박하는 일이다.

그러나 국가가 어떤 공식입장을 발표하더라도, 사람들에게 전달될 메시지는 이미 정해져 있다. 이 국가는 구성원을 보호할 의지가 없고, 죽음조차도 존중할 생각이 없다. 오로지 통치자들의 안위만이 중요하다. 망루에 불이 나고, 배가 침몰하고, 굶어 죽고, 공중화장실에서 살해당하고, 달려오는 열차에 치여도 이 국가는 관심이 없다.

조용히 그리고 가만히 있다가 죽으라는 것이 이 국가가 사람들의 목숨을 대하는 태도이다. 자살하지 말고 애나 많이 낳으면서 필요한 만큼의 인구로서만 존재하라는 것이다.

국가가 사람들을 영원히 살도록 해줄 수는 없지만, 막을 수 있는 죽음을 예방하고 어쩔 수 없는 죽음들을 예를 갖춰 애도하는 것은 할 수 있다. 그런데 국가가 그 최소한의 책임을 방기하고 제멋에 겨운 통치 놀이에 열중하게 된 결과, 그 죽음들을 받아들이고 기억하는 것은 오롯이 사람들의 몫으로 떠넘겨졌다. 그래서 오늘날 한국 사회를 살아가는 이들의 마음에는 '나였을지도 모르는' 죽음들의 그림자가 드리워져 있다.

국가는 이 최소한의 책임을 방기할 것이라면 하루빨리 공식적으로 입장을 밝혀주길 바란다. 그래야 우리들도 하루빨리 이것은 더 이상 국가가 아니라는 선언을 공식적으로 할 수 있지 않겠는가?

＊〈경향신문〉 2016.09.29.

# 저출생과
# 국가의 '좆'망
## _《아이는 국가가 키워라》서평

#임신중단권 #낙태죄 #맘충

**2016.09.22.** 보건복지부, 임신 중절 시술 의사 자격 정지에 대한 입법을 예고하다.
**2016.10.14.** '맘충'을 키워드로 한 장편소설 《82년생 김지영》 출간되다.

## 자궁은 누구의 것인가

⊙------- 2016년 10월 10일 대한산부인과의사회는 11월 2일부터 임신 중절 수술을 전면 중단하겠다고 밝혔다. 정부가 11월 2일 자로 입법 예고한 의료법 시행령과 시행 규칙은 비도덕적 의료 행위를 한 의사에 대하여 12개월의 자격 정지 처분을 내릴 수 있도록 하고 있는데, 그중에 모자보건법에서 지정한 요건을 제외한 임신 중절 수술이 포함되어 있기 때문이라는 이유다.

한국 사회에서 인공 임신 중절은 기본적으로 불법이다. 강간에 의한 임신이거나, 심각한 질병이나 기형이 발견되었거나, 산

모의 목숨이 위태로울 때처럼 매우 특수한 상황에만 예외적으로 허용하고 있다. 하지만 의사회에서 밝힌 바에 따르면 현재 임신 중절 사유의 99%는 '원하지 않는/의도하지 않은' 임신 때문이다. 게다가 허용되는 경우에도 역시나 까다로운 절차를 거쳐야 한다. 심지어 임신 중절 시술을 위해서는 보호자(임신을 시킨 남성)의 동의까지 받아야 한다. 태아를 10개월 동안 품고 있다가 산고를 겪으며 출산을 하는 것은 여성이지만, 정작 그 당사자는 자신의 몸에 대해서 거의 아무런 결정도 내릴 수 없는 위치에 놓이는 것이다.

그로부터 불과 몇 주 전 폴란드 정부가 임신 중절 시술의 전면적인 금지를 선포하자, 무수히 많은 여성들이 검은 옷을 입고 길거리로 나섰다. 시위대는 "내 자궁은 나의 것"이라는 구호를 통해 임신과 출산에 대한 결정권이 다른 누구도 아닌 여성 스스로에게 있다는 것을 주장했고, 폴란드 정부는 부랴부랴 관련 법안을 철회해야 했다. 하지만 한국 정부는 산부인과의사회의 입장에 대하여 불법 임신 중절 시술이 부도덕한 의료 행위임을 재확인하며, 관련 시행 규칙을 철회할 의사가 없다고 밝혔다.

마침 이런 시점에 《아이는 국가가 키워라》(후루이치 노리토시 지음, 민음사, 2016)를 읽었다.

# 아이는 국가가 키워라!

《아이는 국가가 키워라》는 매우 간명한 메시지를 담고 있다. 저출생이 계속된다면 국가는 존속할 수 없을 것이고, 그 문제의 해결을 위해서라면 아이를 낳고 기르는 과정이 여성들에게 부담을 줘서는 안 된다는 것이다. 그중 가장 핵심적인 주장은 보육원 교육을 의무화하는 것이다. 보육원 의무 교육은 아이에게는 조기 집단생활을 통해서 사회적 능력을 길러주고, 부모에게는 육아의 부담을 덜어주고, 사회적으로는 관련 업종의 발전과 고용을 견인하는, 이른바 '좋은 일'만 불러오는 정책이라는 것이 저자의 주장이다. 그뿐만 아니라 우수한 여성 인력의 경력 단절을 막을 수 있기 때문에, 최근 일본에서 문제가 되고 있는 노동력 부족도 해결할 수 있다. 사회적 비용이 많이 드는 이주 노동자 유치 등의 해법보다 이쪽이 더 쓸모가 있다는 것이 저자의 말이다. 의무여야 하는 이유는 그래야 부모들이 '아무래도 아이는 부모가 키워야 한다'는 신화와 모성에 대한 압박으로부터 해방될 수 있는 정당한 핑계가 생기기 때문이다. 하지만 부모 자식 사이의 정이나 스스로 키우겠다고 주장하는 부모까지 막을 이유는 없다고 한다. 그러나 이 경우에도 프랑스에서 시행 중인 보육 지원 제도 등을 예시로 들어, 얼마간이라도 아이를 맡길 수 있다면 육아 중인 부모가 느끼기 쉬운 고립감과 압박감을 해소할 수 있으리라고 언급한다.

한편, 저자는 육아와 관련된 세간의 신화에 대해서도 반박을 이어간다. 모성이 여성의 본능이라는 주장은 샐러리맨과 남성 생계 부양자 모델이 등장하기 시작한 다이쇼 시대(1912~1926년)에 만들어진 전통에 불과하며, 특히 3세까지는 엄마가 아이를 키워야 한다는 주장 역시 1960년대에 등장한 근거 없는 낭설이라고 말이다. 또한 아이의 학교 교육에 투자하는 것보다 영·유아기에 투자하는 편이 과학적으로도 경제적으로도 합리적이라고 이야기한다. 게다가 이 시기의 교육이란 지식의 주입이 아니라 "의욕"이나 "인내력" 같은 비인지 능력이며, 이것은 오로지 집단생활을 통해서만 기를 수 있는 것이라고 덧붙인다. 과거 우리가 공산주의의 끔찍한 면모에 대해 교육받을 때 '갓난아기를 엄마로부터 떼어내서 공동 탁아소에 모아놓고 집단 교육을 시킨다'는 내용을 보고 비인간적이라고 분개했던 것을 떠올려보면 드라마틱한 반전이 아닐 수 없다.

저자는 기성세대가 청년세대에게 품고 있는 의심 혹은 편견을 반박하는 것도 잊지 않는다. 대표적인 것이 "초식남"에 대한 기성세대의 비웃음이다. 출생률 저하는 청년세대가 섹스에 관심이 없어졌기 때문에 생겨난 것이고, 자기들 세대는 그렇지 않았다는 것이 기성세대의 주장이다. 그러나 막상 섹스를 경험해 본 청년의 수는 과거에 비해서 훨씬 늘어났다. 섹스를 처음으로 경험하는 연령도 점점 낮아지고 있다. 저자는 기성세대가 젊은 시절 자신들의 성욕에 대한 '자부심'이, 실상 직접적인 경험의 부재로 인한 판타지의 산물은 아니냐고 되묻는다. 하지만 저자가 이야기하려는 것은 성욕과 출생률 사이의 연관성 자체가 희박하다는 사실이다. 젊은이들의 혼전 섹스에 대한 인식이나 섹스 경험자의 비율이 지금보다 현저히 낮았던 그 옛날 출생률이 오늘날에 비해 훨씬 높았기 때문이다.

요컨대 이 책은 새로운 통찰이나 이론적 논의가 아니라, 한 청년 연구자가 국가를 향해 보내는 '거부할 수 없는 제안'에 더 가깝다. 인구 절벽으로 인한 국가의 사멸을 막기 위해 국가는 아이를 쉽게 기를 수 있는 환경을 조성해야 하며, 보육의 국가화를 통해 그것을 이룩해야 한다는 이야기다. 여기에 더해 부모, 특히나 '엄마'에게 출산과 육아의 책임을 모두 전가하는 구조를 바꾸지 않으면 더 이상 아이를 낳으려는 사람이 나타나지 않을 것이라는 엄중한 경고도 잊지 않는다.

## 가족' 같은 계획

이 책에서 롤모델로 삼고 있는 것은 유럽의 경험이다. 유럽 역시 과거에 급격한 출생률 저하를 겪은 바 있다. 이를 극복하기 위해 각국에서는 다양한 정책적 해법을 시도했다. 숱한 시행착오를 경험한 결과, 출산과 육아를 사회에서 적극적으로 지원해야 하는 것은 물론이고, 아이를 낳은 여성이 자유롭게 사회 참여와 경제 활동을 할 수 있어야만 출생률이 획기적으로 증가한다는 사실 또한 밝혀냈다. 당연하게도 이를 위해서는 여성에 대한 사회적 차별이 전반적으로 개선되어야 했다.

한국은 일찍이 강도 높은 가족계획을 시행했고, 국제 사회에서는 거의 유일한 성공 사례로 꼽히는 나라다. "아들딸 구별 말고 둘만 낳아 잘 기르자", "덮어놓고 낳다 보면 거지꼴을 못 면한다" 같은 산아 제한 캠페인 구호들이 아직도 많은 사람의 뇌리에 남아 있다. 그리고 그 결과, 오늘날 한국은 2015년 기준 '합계 출생률 1.25명'으로 전 세계에서 220번째로 낮은 출생률을 보이는 나라가 되었다. 다른 모든 것들처럼 저출생·고령화 사회 역시 벼락불 같은 속도로 한반도에 도래했다. 정부가 부랴부랴 출생률 관련 대책들을 세우겠다고 분주히 움직이고 있지만, 모두 미온적인 조치들이다. 그나마도 박근혜 대통령의 대선 공약이었던 '누리과정'은 예산 집행을 두고서도 시도(市道) 교육청과 알력 다툼을 하며, 수많은 이들을 혼란으로 몰아넣은 바 있다.

오늘날의 한국 사회에서 아이를 낳는다는 것은 어떤 일인지 간략하게 정리해 보자. 초경을 시작하면서 여성은 바야흐로 '가임기'에 접어든다. 평균적으로 12세에서 48세까지 한 달에 한 번씩 4~7일 동안 통증과 출혈을 포함한 다양한 증상이 찾아오고, 평생에 걸쳐 약 700만 원 이상의 돈을 생리대를 구매하는 데 사용한다. 지극히 자연적인 생리 현상이고 자의적으로 생리를 멈추거나 그만둘 수 없음에도, 대부분의 나라에서는 생리대에 높은 수준의 세금을 부과한다. 심지어 얼마 전 한국의 국민안전처에서 제작한 '재해 현장 구호물자'에는 면도기는 들어 있는 반면, 생리대는 제외되어 논란이 일었다. 정부는 이에 대해 "생리대는 취향의 문제"라서 그랬다고 응답했다. 여성의 생리에 대한 휴가와 수영장 등 시설에서의 여성 할인 등 약간의 혜택들이 뒤늦게 마련되었다. 그러나 생리휴가를 편하게 사용할 수 있는 곳은 거의 없고, 이 얼마 되지도 않는 혜택마저 수많은 남자들은 '역차별'의 근거로 지목하고 있다.

이성 간의 섹스를 시작하고 나서도 고난은 이어진다. 먼저 피임이다. 섹스에서 피임 책임을 지는 쪽은 대부분 여성이다. 가장 많이 사용되는 피임 방법은 콘돔인데, 수많은 남성들이 성감의 저하 등을 이유로 콘돔 착용을 꺼린다. 질외 사정 같은 피임 아닌 피임법이 횡행하고, 네이버 지식인에는 매일같이 처참한 질문들이 올라온다. 만에 하나 원하지 않는 아이가 생긴다면 어떨까? '시술'에 대한 정보는 비공식적인 루트를 통해서만 유통되니 귀동냥이나 인터넷 검색으로부터 얻어야 하고, 적잖은 비용과 신체적 위험 부담을 여성이 짊어져야 한다. 이때 연락이 끊기지 않거나 모른 체하며 도망치지 않는 남자이기만 해도 양반이라는 얘기가 곳곳에서 터져 나온다. 리스크가 어느 쪽으로 쏠려 있는가는 명백하다. 여기에 더해 강간, 성추행, 성희롱, 데이트 폭력, 불법촬영물 같은 성폭력의 위험이 상존한다는 것을 생각하면, 한국에서 여성이 섹스를 한다는 것 자체가 놀라울 지경이다.

이 험난한 과정을 겪고서도 용기를 내어 아이를 낳기로 결심했다고 생각해보자. 2013년을 기준으로 한국 여성의 자연 유산율은 22.1%로 5명의 임산부 중 1명은 유산을 경험한다. 이 중에서도 직장인 여성은 그렇지 않은 여성에 비해 약 1.3배 정도의 유산율을 보인다. 불임 부부도 증가 추세다. 불임 현황에 대한 정확한 통계가 없는 가운데, 국민건강보험공단이 2008~2012년까지 '불임 진료 환자의 진료비'를 분석한 바에 따르면 2008년 16만 2000명에서 2012년 19만 1000명으로, 매년 4.2%씩 증가했다. 주목할 만한 부분은 남성 불임의 격한 증가세로, 여성 불임의 4배에 달한다. 이 수치는 과거에 '불임의 원인은 여성에게 있다'는 근거 없는 확신 때문에 검사를 기피했던 남성들이 검사를 받은 결과, 보정된 것에 더 가깝다.[14]

여성의 경력 단절 문제도 심각하다. 한국 여성의 경제 활동 참여율은 2012년 기준으로 55.2%(OECD 평균은 62.3%)인데, 이런 저조한 참여율을 만들어내는 것은 한국 여성의 경제 활동 패

14 〈경향신문〉, "남성 불임환자 증가율, 여성의 4배 웃돌아", 송윤경 기자, 2014.01.12.

턴에서 확연하게 나타나는 이른바 'M자형 패턴'이다. 즉 임신-출산-육아에 대한 부담 때문에 직장을 그만둠으로써 발생하는 경력 단절이다. 특히 'OECD 국가 대졸 여성의 평균 경제 참여율'은 82.6%인데 반해, 한국은 62.4%에 불과하다.

이렇게 경력 단절과 유산 및 불임의 고통, 임산부 전용석에 앉아 있는 개저씨들을 극복하고 무사히 출산을 했다고 해보자. 이제부터는 아이를 데리고 어디라도 갈라치면 "맘충" 소리를 들을 각오를 해야 한다. 여기에 모유 수유를 비롯하여 엄마에게 부과되는 육아 의무들이 켜켜이 쌓이고, 격무를 핑계로 집에 오면 잠들기 바쁜 남편의 무관심이 합쳐지면 완벽한 '독박 육아'가 완성된다. 하지만 또 그렇게 집에서 아기만 돌보는 것은 "이기적인 처사"로 치부되기 때문에 아이가 어느 정도 크면 맞벌이를 시작해야 한다. 자녀가 두 명일 경우, 한 달에 드는 평균 양육비는 128만 원. 순전히 아이에게만 들어가는 비용이므로 주거비 등의 생활비 일반은 제외된 것이며, 소득 수준이나 지역에 따라 격차도 크다. 하지만 '어머니'가 재취업했을 때 정규직이 될 수 있는 비율은 20%정도뿐이고, 평균 임금은 100여만 원이다.[15]

---

15 〈여성신문〉, "'새일센터' 통해 재취업한 경력 단절 여성, 월 103만 원 받았다", 이하나 기자, 2016.09.25.
〈한국일보〉, "재취업 경단녀, 정규직은 20%뿐:여성정책연구원, 패널 8년 추적 조사", 남보라 기자, 2015.09.22.

## 여자에게는 국가도 사회도 없다

오늘날 한국 사회의 모든 일들이 그렇지만, 여성이 남성을 만나서 결혼하고 아이를 낳아 기르는 모든 과정은 아주 각별하게 뒤틀려 있다. 모든 과정에서 엄청난 위험과 부담이 존재하지만 모든 것이 개인에게 귀속된다. 국가는 여성을 오로지 새로 태어날 아이를 낳고 길러줄 자궁이자 엄마로만 간주한다. 이 상황은 급기야 사실상의 '임신 중절 시술 전면 금지'라는 협박으로 진화했다.

저자는 이 책의 6장에서, 산업 구조와 사회 분위기가 전반적으로 '여성화'되어 가고 있으며, 따라서 남성들이 이에 적응하기 어려워졌다고 이야기한다. 그러나 이 이야기는 절반의 진실이다. 물론 일본의 사정과 한국의 사정 사이엔 다소 차이가 있을 수는 있다. 하지만 산업이나 사회가 여성화되었다고 해서 사회적 자원의 분배가 평등해졌느냐고 묻는다면 대답은 'No'다. 작금의 양상은 여성들이 남성에 비해 상대적으로 저임금을 받으며, 승진이나 의사 결정 구조로부터 소외당하다가 결혼과 출산을 기점으로 경력 단절을 겪고, 몇 년이 지나 비정규직으로 돌아오는 현상에 가깝다. 그 사이에서 적응하지 못한 남성과 사회적 자원을 틀어쥔 남성 간의 격차는 점점 더 커지고, 그 간극에서 발생하는 잡음들을 '여성의 탓'으로 돌림으로써 진실을 왜곡하고 있는 것이다.

연세대학교 사회학과 김영미 교수는 최근 한국여성노동자회에서 주최한 '젠더 관점에서 본 최저 임금 포럼'에서 최근 나타나는 '여남 간 임금 격차의 개선'은 착시 현상이라고 주장했다. 1983년에는 여성 노동자의 60%가 남성 노동자 하위 10%에 해당하는 임금을 받은 반면, 2003년에는 35%로 줄었다. 하지만 남성 상위 10%에 해당하는 임금을 받는 여성은 전체 여성 노동자의 1~2%로 변동이 없었다. 그뿐만 아니라 전문직 안에서 여성이 남성 하위 10%의 임금을 받는 비중은 늘어나, 오히려 임금 격차가 심화되었다. 즉 이 임금 격차는 남성 노동자의 일부가 '몰락'한 효과지, 여성의 경제적 지위가 향상된 게 아니라는 것이 김영미 교수의 주장이다.[16]

이 사회의 누구도 여성이 의무를 다하지 않는다고 비난할 자격은 없다. 오늘날의 세계는 '의리 없는 전쟁'이고, 그 신뢰를 최전선에서 무너뜨리고 있는 것은 다름 아닌 국가다. '각자도생'을 존재 가능한 유일한 철학으로 만들어놓은 마당에, 어떤 여성들이 고작 협박에 굴복해 아이를 낳으리라고 기대하는 것은 정말 안이한 생각이다. 수많은 여성들은 이미 자기 것이 아닌 비난

---

16 한국여성노동자회, "'여풍당당'은 착시 현상, 실상은 '남성 노동자의 몰락: 젠더 관점에서 본 최저 임금 포럼 ① 한국 노동 시장 구조 변동과 젠더 불평등의 변화", 2016.10.06. http://kwwnet.org/?p=6393

과 책임 전가에 이골이 나 있다. 게다가 아쉬운 쪽은 국가와 남성들이지 여성들이 아니다. 과거에는 국가와 사회가 보장해 주지 않는 여성들의 경제·사회적 지위가 결혼 제도를 통해 미약하게나마 보전될 수 있었다면, 오늘날 결혼은 하나의 선택지, 그것도 별로 매력적이지 않은 선택지가 되었다.[17] 인구학자 조영태는 최근 출간한 저서 《정해진 미래》에서 다음과 같이 단언한다.

"그동안 우리나라에서는 여성의 교육 수준이 높아지고 사회 참여가 많아지면서 출산율이 떨어졌다는 인식이 상식처럼 받아들여졌다. 그렇다면 출산율을 높이려면 여성들의 배울 기회와 사회 참여를 낮춰 과거로 되돌려야 할까? 그렇지 않다. 우리 사회의 발전 수준은 이미 그 정도는 넘어섰다. 오히려 여성에게 더 많은 기회와 권리를 주어야 출산율이 올라간다."[18]

## 국가에게 되묻기

사실 이 시점에서 문제가 되어야 하는 것은, 국가 그 자체의 존재 의의다. 오늘날 국가는 최소한의 의무라고 할 만한 구성원의 생명 보호마저도 적극적으로 방기하다가, 심지어 국민을 살

---

17 〈여성신문〉, "여성 근로자, 결혼하면 월 35만 원 임금 손실··· '결혼 페널티' 겪는다", 이하나 기자, 2016.09.22.
18 조영태, 《정해진 미래》 북스톤, 2016. 230쪽.

해하고도 책임을 지지 않으려는 지경에 이르렀다. 한국 사회의 모든 책임 있는 존재들은 작금의 저출생을 국가의 사멸 혹은 멸종에 대한 경고로 받아들여야 한다. 아무런 신뢰도 보장도 해 주지 않는 국가가 왜 필요한지, 모든 책임을 개인에게 지우고 알아서 살아남으라고 말하는 시스템이 무슨 의미인지, 이 땅에서 오랜 시간 동안 체계적으로 소외받아온 여성들이 묻고 있는 것이다.

응답하지 못한다면 '국가의 사멸'을 받아들이는 수밖에 없다.

* 〈민음사 블로그〉 2016.10.21.

# 공과
# 사

#최순실 #국정_농단 #○○계_내_성폭력
2016.10.24. 종합편성채널 JTBC '뉴스룸'에서 최순실의 국정
농단 증거를 단독 보도하다.
2016.10. 트위터를 중심으로 #○○계_내_성폭력 해시태그를 통
해 한국 문단에서 벌어진 작가, 평론가들의 성폭력 폭로와 고발
이 시작되다.

◉------- "가장 개인적인 것이 가장 정치적인 것이다." 이 유
명한 슬로건은 래디컬 페미니스트들로부터 나왔다. 자유주의 페
미니스트들이 쟁취했던 사회 참여의 권리, 동등하게 교육받을
권리, 참정권 등이 주어졌음에도 왜 여성은 해방되지 않는가
라는 의문이 시발점이었다.

표면적으로는 여성도 얼마든지 공적인 영역에 참여할 수 있
는 문이 열린 것처럼 보였다. 그러나 실상은 사회가 사적 영역으
로 몰아넣은 부분들에서 상존하는 성별 위계, 성차별, 성별 분업
구조가 여성들을 여전히 종속적 위치에 머물게 하고 있었다. '마
르크시스트도 파시스트도 집에서 설거지를 안 하는 것은 똑같

다'는 결론. 그래서 단순히 여성의 사회 참여 기회를 증진시키는 것뿐만 아니라, 여성을 종속적인 지위에 머물게 강제하는 성차별적 사회 구조와 공사 구분 그 자체를 근본적으로 문제 삼아야 한다는 것이 급진주의의 결론이었다.

그리고 지금, 우리는 이 슬로건이 다소 극단적인 형태로 실천된 모습을 보고 있다. 우리가 선출한 대통령이 그 어떤 검증도 거치지 않은 사인에게 국정 운영에 대한 중요한 결정들을 맡겨왔다는 것이다. 심지어 국회도 많은 권한을 행사할 수 없는 국방이나 외교 같은 국가안보와 직결된 사안들도 모두 '최순실'이라는 사람에게 보고되었고, 그 결정에 영향을 미쳤다는 것이 지금까지 드러난 빙산의 일각이다.

이쯤 되면 앞서 문제가 되었던 '서별관회의'는 차라리 권위가 철철 넘쳐흐르는 회의체라고 생각될 판이다. 하다못해 그 회의에 참석한 사람들은 명백히 '공인'들이었으니 말이다.

공사 구분에 실패한 것은 대통령만이 아니다. 가령 오늘날 한국 사회에서 각계를 불문하고 터져 나오고 있는 성폭력과 성차별에 대한 폭로를 생각해보자. 남성 중심 사회가 성폭력을 개인 간의 사적인 문제로 치부하고, 은폐하며, 방조한 결과 이제 한국 사회는 성폭력과 그에 대한 묵인을 기반으로 세워졌다 말해도 과언이 아니게 되었다. 개인적인 것이 정치적이라는 선언이 맞서 싸우고자 했던 것 중의 핵심이 바로 성폭력의 문제라는 것을 생각해보면, 오늘날 이 선언이 한국 사회에서 갖는 의미는 이중으로 씁쓸하게 느껴진다.

권력자들의 사적인 이해·관심과 네트워크들이 온 나라의 공적 질서를 교란시켰고, 공적으로 해결되었어야 하는 성폭력은 바로 그 공적 해결 가능성에 대한 뼈저린 학습 효과 때문에 사회관계망서비스(SNS)에서의 폭로라는 거친 형식으로 터져 나왔다. 공과 사의 구분이 완벽한 반전상을 드러내고 있는 형국이다. 부모를 여의고 불쌍하게 살았으니 대통령이 되라고 투표를 하고, 목숨을 걸고 저항하지 않았다고 피해자를 매도하는, 개인적인 것이 정치적이고, 정치적인 것이 개인적인 세상인 것이다.

공과 사에 대한 왜곡된 기준을 바로잡는 일은 오늘날의 혼란을 수습하는 데 반드시 필요하다. 하지만 중요한 것은 하늘이 내려준 공사 구분법이 존재하지는 않는다는 사실이다. 각 사회가 가진 공과 사에 대한 관념은 그 사회의 정치적 투쟁의 결과물이다. 개인의 자유를 증진하고 공공의 이익을 도모하려는 이들이 밀리면, 국가와 사회는 몇몇 권력자들의 주머니 속으로 흩어져 사사화(私事化)된다. 체계를 구축하는 것은 중요하지만, 그 어떤 체계도 모든 것을 보장해줄 순 없다. 우리는 끊임없이 대화하고, 투쟁하고, 합의하며, 기준을 세우고, 변화시키고, 지켜야 한다. 이 웅성거림과 소란스러움이야말로 민주주의를 떠받치는 가장 중요한 기둥이다. 그러므로 우리는 개인의 자유를 억압하고, 공공의 이익을 저해하는 이들을 향해 다시 외쳐야 한다.

"가장 개인적인 것이 가장 정치적인 것이다."

＊ 〈경향신문〉 2016.10.27.

2016.10.29.

박근혜 정권 타도를 위한 촛불집회 시작

# 깨진
# 나라
## _ 최순실 게이트와 한국 사회

#이게_나라냐

**2016.11.05. 광화문 촛불시위 참가자 수가 10만 명을 돌파하다.**
**2016.11.09. 도널드 트럼프 미국 대통령에 당선되다.**


## 농담이 된 세계

⊙ - - - - - -  미 대선이 많은 이들의 예상과 바람을 저버리고 도 널드 트럼프의 승리로 끝났다. 전 세계의 농담거리였던 이가 이 제는 전 세계에 영향을 미칠 수 있는 미국의 대통령 자리에 오 른 것이다.

트럼프는 여성, 유색인종, 동성애자 등에 대한 노골적인 차별 의 의지를 조금도 숨기지 않았다. 그리고 다수 백인 남성들의 압 도적인 지지를 받으며 당당하게 대통령이 되었다. 당선이 확정 되자 미국에서는 KKK 복장을 한 백인 남성들이 거리를 활보하 고, 트럼프를 반대했던 유명인(주로 여성)들의 SNS로 몰려가 조롱과 욕설을 퍼붓는 일이 벌어지기 시작했다.

　트럼프가 그간 주장해온 것들이 실현된다면 미국은 세계의 큰형 노릇을 관두고, 이민자를 내쫓으며, 인종과 성과 계급에 대한 차별을 아무렇지도 않게 여기는 나라가 될 예정이다. 또 겨우 합법화된 동성 간의 결혼을 다시 불법화하고, 보호무역을 강화하며, 미군이 주둔 중인 국가들에 대해 더 많은 방위비를 부담시킬 것이다. '다시 미국을 위대하게' 만들기 위해 철저하게 미국 시민권을 가진 백인들의 권익만을 대표하겠다는 것이 트럼프의 분명한 약속이었으며, 정치적 올바름이라는 '가식'을 걷어내고 마음껏 차별과 혐오를 할 '권리'를 백인 남자들에게 돌려주겠다는 약속도 선거 기간 내내 몸소 실천해왔다.

　대통령 선거와 마찬가지로 공화당의 승리로 끝난 상·하원 의회 선거와, 이러한 공화당 다수 의회와의 협조 속에 순조롭게 임명될 극우-기독교 성향의 연방 대법관이 트럼프의 대격변을 동반 수행할 예정이다. 미국 내 소수자들에게는 공포와 고난의 시간이, 미국의 영향을 많이 받는 국가들에게는 예측이 불가능한 국제 정세가 예고되고 있다.

## 다수의 반란?

　하지만 단지 백인(남성)들이 멍청하고 오만하고 소수자 혐오로 똘똘 뭉쳐 있기 때문에 미국이 이 국제적 농담을 실행에 옮긴 것일까? 투표 경향에 대한 분석을 보면 백인-남성-저학력자일수록 압도적으로 트럼프를 지지했고, 민주당의 우세가 예고됐던 미국 오대호 주변의 전통적 공업 지역인 '러스트 벨트'(위스콘신, 미시간, 인디애나, 오하이오, 펜실베이니아)에서도 모두 트럼프가 승리했다. 자신의 사회·경제적 지위가 하락하고 있다는 위기감과 자신들의 문제를 대변하지 못하는 워싱턴의 정치 엘리트에 대한 백인들의 불만이, 소수자에 대한 혐오와 '변화'에 대한 막연하고 맹목적인 지지로 나타난 것일 수 있다.

이 이야기를 이렇게나 길게 하는 것은 한국이 '천조국'의 지대한 영향력 아래 놓여 있기 때문만은 아니다. 사실 한국 사회는 이미 두 번에 걸쳐서 트럼프를 당선시킨 바 있다. 이명박 대통령과 박근혜 대통령 모두 후보 검증 과정에서 셀 수 없을 만큼 많은 문제들이 쏟아져 나왔지만, 국민의 지지를 받아 당당하게 대통령에 당선됐다. 도덕적 흠결, 정책적 전문성, 후보의 인간적 매력과 정치적 비전 등을 시험대에 올리고 국민에게 평가받는 것이 오늘날 사용되는 대통령 후보 검증의 툴이다. 그런데 한국과 미국에서 치러진 세 번의 선거는 모두 이 검증 시스템을 '무력화'시킨 후보가 당선되었다.

그 이유는 간단하다. 사람들이 원한 것이 그런 것이 아니었기 때문이다. 이 세 번의 선거를 관통하는 하나의 현상은 사회의

'다수'라고 부를 법한 이들의 반동(혁명)이다. 하지만 이 '다수'들은 승천하는 것이 아니라 실은 추락하는 중이고, 고도성장과 가부장제와 권위주의적 권력에 대한 향수를 느끼며 안정도 진보도 아닌 과거에 한 표를 던졌다. 자고 일어나면 경제가 성장해 있는 나날로 되돌아갈 수 있다는, 더 이상 동성애자와 여성과 유색인종을 인간적으로 대접하려고 노력하지 않아도 된다는 우파 포퓰리즘의 속삭임이 점점 지난날의 영광을 잃어가는 다수를 사로잡은 것이다.

## "이게 나라냐"

과연 이 과거로의 시간 여행에 성공할 수 있을까? 시간 여행을 소재로 한 여느 SF가 그러하듯 선진적으로 시간 여행을 택했던 한국 사회는 지금 그 여행의 대가를 치르는 중이다. 오랜 시간에 걸쳐 만들어뒀던 현대의 민주주의 통치 시스템은 '비선실세'와 선출된 권력자가 벌인 퇴행적 행각 속에서 무력화되었다. 콘크리트라고 불리던 대통령의 지지율은 비록 한 번이지만 5%라는 헌정 초유의 기록을 남겼다. 대표 일간지가 청와대에 등을 돌렸고 두 개의 지상파 공영방송만이 아직 미련을 버리지 못하고 갈등에 빠져 있다. 그 와중에 제기되고 있는 의혹들은 눈덩이처럼 불어만 간다. 대체 최순실과 그의 측근들이 손대지 않은 이

권은 무엇인지, 박근혜 대통령과 측근들이 그들을 위해 제공하지 않은 것은 무엇인지 찾기가 어렵다.

11월 5일에는 대통령의 사퇴를 촉구하며 10만 명이 넘는 시민들이 광화문 일대를 메웠다. 과거 불법행위를 강경 진압하겠다고 외치던 경찰의 선무 방송은 어느새 "친애하는 시민 여러분"에 대한 부탁의 말씀으로 변했다. 몇 명이 모일지 예상도 하기 어려운 12일 집회에서는 수많은 이들의 숙원이었던 "청와대로 가자!"가 법원의 허가 속에서 진행될 예정이다. 정권을 위한 충성 경쟁에 앞장서던 이들이 어느새 방향을 바꿔 국민에게 아부를 하고 있는 형국이다. 물론 상황이 바뀌면 방향도 언제든지 바뀌겠지만.

거리로 나온 사람들은 이제 "대한민국은 민주공화국이다"보다는, "이게 나라냐?"라고 외치기로 한 것 같다. 그리고 이 말은 박근혜-최순실 게이트라는 사건을 넘어서는 어떤 근본적인 의문을 담고 있다. 문을 열고 나가면 그런 말도 안 되는 일을 가능하게 했던 참모진과 청와대 시스템의 침묵과 동조가 있다. 거기서 한 발 더 나가면 그런 사실을 알고 있었다는 정황이 농후함에도 불구하고 그를 대통령으로 만드는 데 앞장섰던 여당, 보수 언론, 고위 관료들이 만들어놓은 권력의 카르텔이 있다. 한 발 더 나가면 이런 것을 바로잡아야 하는데도 불구하고 권력의 사냥개가 되어 정권에 찍힌 사람들을 쥐 잡듯 했던 검찰과 경찰이 있다. 한 발 더 나가면 이런 세력에게 정권을 넘겨준 것도 모자라서, 주판알 튕기는 소리만 요란하게 내는 야당이 있다. 한 발 더 나가면 권력자와 그의 친구들을 살뜰하게 챙기면서, 힘없는 시민들에 대한 갑질과 내부의 이권 다툼, 비상식적이고 방만한 운영을 일삼았던 부패한 관료 시스템(물론 기강을 흐린 것은 상층부에 있는 고위직들이다)이 있다. 한 발 더 나가면 그런 국가시스템의 비위를 맞춰주면서 규칙을 어기고 노동자와 소비자를 쥐어짜 배를 채운 재벌과 대기업이 있다. 거기서 한 발 더 나가면 가지고 있는 권한은 그게 주머니칼이든, 6.9센티미터짜리 막대기든 마구 휘두르고, 반칙하지 않으면 손해를 본다는 믿음을 가지게 된 평범한 사람들이 있다. 그리고 한 발 더, 아뿔싸. 낭떠러지다.

## 우리에겐 조국이 없다

한국 사회는 조각이 나다 못해 바스라져 가고 있다. 단지 국정이 농락을 당했기 때문만은 아니다. 이 나라에 세금을 내고, 법을 지키고, 노동력을 제공하며 살아가야 할 이유 자체가 흔들리고 있다. 수많은 전조가 있었다. 어쩌면 노무현 전 대통령이 "권력은 시장에 넘어갔다"고 말했던 그때이거나, 촛불이 광장에서 고립됐던 2008년이거나, 사람이 불에 타 죽었는데 검은 침묵만

이 일렁이던 2009년의 용산 참사였을 것이다. 아니, 어쩌면 이 국가는 단 한 번도 우리를 위해 존재하지 않았을 수도 있다. 한강 다리를 끊고 도망친 국부 이승만과, 반대자들을 가두고 고문하며 자신만의 태평성대를 누리다가 심복의 흉탄에 숨진 박정희와, 광주에서 시민들을 학살했던 전두환의 국가이기만 했을 수도 있다.

그래도 우리는 1987년 이후 우리가 이 국가를 다시 수복했노라고 잠시 동안이나마 자랑스러워할 수 있었다. 그래서 1987년 이후 계속해서 나타났던 전조들을 무시하거나 혹은 그것에 대해 국지적으로 항의하고 싸워가며 버틸 수 있었을 것이다. 그런데 2014년 수많은 사람들을 태운 거대한 배가 침몰했을 때, 정부에서 허가받은 가습기 살균제가 독가스가 되어 천 명이 넘는 사람들을 죽였을 때, 막을 수도 있었을 전염병에 방역 체계가 속절없이 뚫렸을 때, 강화유리도 깨트리는 물줄기를 모두가 지켜보는 가운데 한 농민에게 뿜어댔을 때, 대도심의 번화가에서 단지 그 시간에 그 화장실을 이용한 여성이라는 이유로 살해당해야 했을 때, 지진이 일어나는데도 안전하다며 그곳에 핵 발전소를 짓겠다고 했을 때, 우리의 의심은 현실이 되었다. 이 국가는 나를 보호해주지 않는다. 그리고 이 국가는 나의 죽음마저도 조롱하고 모욕하며 짓밟을 것이다.

## 무력화된 국가, 얼어붙은 사람들

거의 전 세계적 트렌드가 되어가고 있는 보수의 연이은 승리
는, 국가 공동체의 강화가 아니라 그것의 파국적 소멸을 예고하
고 있다. 중앙의 의사 결정 체제는 여와 야를 막론하고 사람들의
뜻을 대변하지 못한다. 경제성장은 결국 몇몇 거대 부자들의 주
머니를 더 두둑하게 해줄 뿐이다. 교육을 위한 노력은 더 나은
삶이 아니라 빈곤과 빚을 의미한다. 더 나은 사람이 되려는 노력
은 그것을 알아줄 무언가가 사라져버렸기 때문에 무의미해진다.

지금 이 순간 우리를 감싸고 있는 것은 거대한 불신과 냉소다.
아무도 나를 도와주지 않을 것이며, 이 세상의 선의란 반드시 더
큰 악의를 품고 있다는 신앙이 사회를 지배하고 있다. 사람들은
손을 내미는 것이 아니라 날카로운 가시가 달린 갑옷을 입는다.
그 찬바람 부는 마음속을 비집고 사실은 존재하지 않았던 과거
와 작디작은 이득에 대한 속삭임이 들려오면, 사람들은 언제든
지 잔인해질 준비가 되어 있다.

그래서 나는 우리의 광장이 너무나도 위태롭게 느껴진다. 물
론 광장을 채우고 있는 분노는 너무나도 정당하다. 하지만 우리
는 이 광장에서 청와대를 향해 진격하는 나의 모습과 분노만을
바라볼 뿐 다른 사람들을 보지 않는다. 광장이 우리에게 주는 희
열은 귀중한 것이지만, 그 짧은 순간이 지난 뒤에 우리에게 남는

것은 어쩌면 더 큰 허망함과 냉소다.

기억하겠지만 우리에겐 경험과 역사가 있다. 그리고 지금 필요한 것은 향수에 젖거나, 자학적 반성을 하는 것이 아니라 아주 절박한 마음으로 그것이 놓친 것들이 무엇인지 배우는 것이다. 박근혜 대통령은 지금이라도 당장 대통령직에서 물러나야 한다. 하지만 그 이후를 준비하는 것은 우리들의 몫이다. 그러므로 우리는 함께 강해져야 한다.

＊ 〈서울대학교 대학신문〉 2016.11.13.

# 혁명을
# 두려워하지 맙시다

#전봉준투쟁단

**2016.11.15. 전국농민총연맹 전봉준투쟁단, 박근혜 퇴진을
요구하는 트랙터 상경 시위를 시작하다.**

◉------- 　존경하는 동료 시민 여러분. 이제 우리는 우리가 살
고 있는 나라가 어떤 추악함을 품고 있는지 모두 알게 되었습니
다. 지난주에는 4%라는 기록적인 대통령 지지율이 발표되었습
니다. 그리고 토요일에는 사람들이 청와대를 에워싸고도, 광화
문과 종로 거리에 여전히 엄청난 인파가 있었습니다. 그럼에도
거리는 여전히 깨끗했고, 불타거나 깨지는 것 하나 없이 질서정
연했습니다.

　그런데 여러분, 저는 광장의 질서가 어떤 두려움들을 깔고 있
다고 느낍니다. 폭력과 희생자는 없을수록 좋고, 누구에게나 안
전한 광장이 되자는 것에 동의하지 않을 사람은 없을 것입니
다. 하지만 우리는 누군가가 알아주길 바라는 사람처럼 행동하

고 있습니다. 그것은 누구일까요? 이미 권위를 상실한 대통령일까요? 차벽 뒤의 경찰일까요? 아니면 선진국의 언론일까요? 지지율 4%라는 놀라운 결과를 두고 여전히 버티고 있는 대통령도 굉장하지만, 이 압도적인 여론을 등에 업은 우리들의 조심스러움도 놀랍습니다.

여러분, 우리는 광장의 주인인가요? 아니면 법원의 허락과 경찰의 선처를 바라는 공포에 질린 사람들인가요? 저는 최근 일고 있는 '폭력 대 비폭력'의 논쟁에 허망함을 느낍니다. 지금의 비폭력은 오직 경찰이 물대포를 쏘고 시위대를 마구잡이로 연행하지 않기 때문에 가능한 것일 뿐입니다.

경찰이 차벽에 평화 시위를 해달라며 걸어놓은 현수막은 저에겐 모욕처럼 느껴졌습니다. 트랙터를 몰고 열흘을 달려온 농민들은 서울을 밟아보지도 못하고 고속도로에서 경찰에게 봉쇄당했습니다. 우리의 눈앞에서 벌어지지 않는다고 폭력이 사라진 것이 아닙니다. 사람들이 빠져나간 새벽에, 다른 곳에서 벌어지는 시위에, 우리의 약한 고리들을 경찰은 호시탐탐 노리고 있습니다.

이 나라의 주권자로서 우리는 권력에 저항하는 수단을 선택할 권리가 있습니다. '빌미를 제공해선 안 된다', '너는 프락치가 아니냐'와 같은 내면화된 강박과 굴종이 아니라요. 보수 언론과 기회주의자들이 우리를 평범한 시민이라 부르고, 시민 의식이

돋보이는 평화 시위를 찬양하는 것은 우리에게 족쇄를 채우기 위함입니다. 그들은 언제든지 불순 세력과 폭력 시위로 우리를 매도할 준비가 되어 있습니다.

게다가 우리는 정작 광장에 나온 동료 시민들에게 충분한 배려와 예우를 갖추고 있지 않습니다. 광장에서 대통령의 여성성을 조롱하면 마음이 상하는 것은 그걸 듣는 다른 여성 동료 시민들입니다. 생각 없이 내뱉는 대부분의 욕설들도 마찬가지입니다. 그런 사소한 문제보다 시국이 더 중요하다고요? 그런 말은 이 모든 시국이 끝난 뒤에도 그들을 위한 자리는 없을 것이라는 선언이나 마찬가지입니다. 광장을 좁게 만드는 것은 물리적 충돌이 아니라 이렇게 다른 동료 시민들의 존재를 하나하나 지워가는 행위에서 비롯됩니다. 정권을 수백 번 바꿔낸들, 사회적 약자들의 삶이 변하지 않는다면 그것은 과연 정의로운 것일까요? 그렇게 만들어낸 새로운 세계가 어느 날 나를 밀어내지 않는다고 장담할 수 있을까요?

동료 시민 여러분, 우리는 이 나라의 처음부터 끝까지 뿌리박혀 있는 불의와 싸우고 있습니다. 어쩌면 우리는 모든 것을 새롭게 세워야 할지도 모릅니다. 이것을 대신해줄 그 어떤 책임 있는 세력도 존재하지 않습니다. 이는 곧 우리가 하고 있는 일이 혁명이 되어야 한다는 것입니다. 우리는 권력의 시간과 자본의 시간을 정지시켜야 합니다. 그리고 우리들만의 호흡으로 새로운 시간을 열어야 합니다.

　우리가 싸우는 것은 단지 차벽 너머에 있는 하나의 권력이 아니라, 우리를 고통에 빠트린 모든 억압과 불의, 그리고 그것에 끌려다니던 지난날의 우리 자신입니다. 우리는 누구의 인정도 바라지 말고 스스로 떳떳한 존재가 되어야 합니다. 우리는 스스로 새로운 법을 만들고, 또 그것을 지키는 사람이 되어야 합니다. 여러분, 혁명을 두려워하지 맙시다.

＊〈경향신문〉 2016.11.27.

# 억울함을
# 넘어서

⊙------- 　　사람이라면 못난 구석 하나씩은 있기 마련이다. 나도 그렇다. 누군가에게 들킬까 봐 무서운 부끄럽고 못된 생각들이 마음속에 한가득이다. 당연하게도 입 밖으로 튀어나오거나 저지르지 않기 위해 만고의 노력을 다한다. 그럼에도 가끔씩 삐져나오는 못남을 모두 다 막아낼 수는 없다. 어떤 이들은 내 곁을 떠났고, 누군가는 그 못남까지도 끌어안아주었다. 나는 그들의 관대함으로부터 살아갈 힘을 얻었고, 끊임없이 스스로의 못남과 싸움을 벌이는 중이다.

　이것이 나만의 사정은 아닐 터다. 어쩌면 고결하다고 칭송받는 이들도 마음속에서는 자신과의 사투를 벌여야 했을 것이다. 자기합리화의 유혹은 본능적인 것이다. 자기 자신의 사정을 가장 잘 아는 것은 당연히 자기 자신이고, 그러니 어찌 그 가련한 존재의 사정을 봐주고 싶지 않겠는가. 작은 게으름에서부터 거대한 실수에 이르기까지 누구라도 이렇게 될 수밖에 없었던 바깥의 이유들을 찾고 싶어한다. 만약 자기의 명백한 잘못이 있더라도 그것은 동정과 용서의 대상이지 비난과 처벌의 대상은 아니라고 생각하고 싶어한다.

여기에 억울함이 더해지면 '나'는 순식간에 강철의 성벽으로 둘러싸인 존재가 된다. 억울함은 이 시대를 대표하는 제1의 정서다. 물론 이유야 많다. 당장 매주 토요일 칼바람을 맞고 길거리에 서 있어야 하는 일 자체가 억울하다. 잘못한 이들은 따로 있는데 수습하는 사람들은 오히려 피해자들이다. 어찌 억울하지 않겠는가.

그런데 억울함은 위험한 감정이다. 억울함이 나를 사로잡고 나면, 내 허물들은 순식간에 아무것도 아닌 것이 되어버린다. 나를 제외한 모든 것들을 향해 비난을 퍼붓는 것이 정당화되고, 나의 잘못과 앞으로 저지를 잘못에까지도 면죄부가 주어진다. 밝혀지는 모든 진실의 가치는 나의 오류 없음을 증명하는 것에만 쓰이게 된다. 그 억울함이 세상에서 가장 정당한 것일지라도, 그것에 잡아먹히는 순간 나는 세상에서 가장 편협한 사람이 되어버린다.

종종 한국 사회가 억울함의 경기장처럼 느껴지곤 한다. 모두가 소리 높여 자신의 억울함을 외치고 있다. 정당한 억울함을 알리고 사람들에게 인정과 도움을 바라는 것을 무어라고 할 것은 아니다. 그런데 문제는 억울함을 경쟁하는 것이다. 조금만 살펴보면 나보다 더 억울하고 고통받는 이들이 분명히 존재한다. 하지만 이 경쟁은 그런 객관적이고 공정한 경쟁이 아니라, 무질서한 싸움이 되기 십상이다. 약자를 배려하고 그들에게 좋은 자리를 양보하는 연대가 아니라, 그들에게 돌아가야 할 몫까지도 내 억울함을 충족시키기 위해 빼앗는 약탈이다. 내 뜻대로 되지 않는 모든 것에 비난과 책임을 돌리며, 그중에서도 약자들을 기꺼이 짓밟는 비열함이 우리들의 억울함 속에 독버섯처럼 자리 잡고 있다.

대체 누가 그런 행동을 하고 있느냐고 반문할지 모른다. 차별의 해소는 고사하고 생존의 위협을 느끼는 여성들에게 욕설과 조롱으로 일관하는 남성들이 그렇다. 누군가의 특권을 소리 높여 성토하지만, 내가 가진 특권과 욕망은 되돌아보지 않는 평범한 사람들이 그렇다. 자신이 대의를 위한다는 사실에 대해 한 치의 의심도 용납하지 않으면서, 다른 모든 목소리를 분열의 음모라며 의심하는 이들이 그렇다. 내가 받은 작은 피해에 온 힘을 다해 분노하면서, 다른 이들의 아픔에는 한없이 무딘 사람들이 그렇다. 이것이 절대로 내 모습은 아니라고 생각하며, 뻔뻔하게 주위를 둘러보는 당신과 내가 바로 그렇다.

민주주의자로서 우리는 결국 우리 스스로가 상상하고 만들어 낸 공동체를 갖게 될 것이다. 공동체를 파탄으로 몰아넣는 "편협한 개자식"이 바로 나일 수도 있다는 의심이 생길 때, 싸워야 할 악마가 밖이 아니라 내 안에 있다는 것을 깨닫게 될 때, 가장 약한 자들의 승리가 나의 승리라는 것을 믿게 될 때 우리들의 억울함은 마침내 해소될 것이다. 우리들이 원하는 것들은 억울함 너머에 있다.

* 〈경향신문〉 2016.12.25.

# 2017

필요한 것은 점령군이 아니라

지독한 자기 성찰로 단련된 민주주의자들이다

# 기만적
# 다수의 시대

**#나무위키 #젠더_이퀄리즘**

2016년 8월 2일 한 웹툰 갤러리 사용자가 나무위키에 이퀄리즘(Equalism)이
라는 새로운 사상이 생겼다는 토막글을 작성했으며, 이후 해당 문서가 〈성평등
주의(Gender Equalism, Gender Egalitarianism)〉라는 항목으로 확장되면서
1996년 이후에 페미니즘을 대체한 주류 사상으로 둔갑했다. 그러나 이는 이후
이런저런 내용들을 짜깁기하여 만든 허위라는 것이 밝혀졌다.

⊙------- 최근 인터넷에서 페미니즘 논쟁이 벌어질 때마다
어디선가 괴이한 것이 소환되곤 했다. 페미니즘의 '역차별'을 비
판하며 '진정한' 양성평등을 위해 1996년에 생겨난 '(젠더) 이퀄
리즘'이라는 것이 존재한다는 주장이었다. 이 주장의 근거로 제
시되곤 하는 것은 한국에서 만들어진 인터넷 위키사이트인 '나
무위키'의 젠더 이퀄리즘이라는 문서였다.

하지만 이 사상의 유일무이한 증거는 다름 아닌 그 위키문서
뿐이었고, 관련된 논문, 저서, 학자 등 그 어떤 것도 실제로 존재
하지 않았다. 수상하게 여긴 이들이 관련된 내용을 조사해본 결
과 놀랍게도 그 사상의 창시자는 다름 아닌 그 문서를 만든 나

무위키의 유저라는 것이 밝혀졌다.

하지만 거의 반년에 걸쳐서 수많은 남성들은 이 근거 없는 사상을 페미니즘을 비판하는 사상적 근거로 사용했다. 심지어 일부는 이것이 날조로 드러난 이후에도 여전히 이 '사상'을 옹호하는 중이다. 만약에 그것이 존재하지 않더라도 필요하면 만들면 되는 것이 아니냐는 주장까지 등장했다. 《사피엔스》의 저자 유발 하라리는 '인지부조화'가 인류의 귀중한 정신적 자산이라고 말했지만, 그보다 먼저 떠오르는 것이 《아Q정전》인 것은 어쩔 수 없는 일이다.

이 사상이 이렇게 단기간에 힘을 얻게 된 이유는 무엇일까? 이들은 자신의 머릿속에서 나온 말들을 사상이라고 이름 붙인 뒤 자신이 하는 말의 근거로 제시했다. 이것은 인터넷에서 떠도는 수많은 음모론들이 공유하고 있는 속성으로, 기존의 공인된 지식에 대해 근거 없는 문제를 제기한 후 쓸모없지만 구체적인 세부 사항과 이름 모를 전문가들을 출연시키는 정형화된 형식이다. 이런 이야기에서 사상이나 학문 같은 단어는 아무것도 의미하지 않는다. 그리고 이 놀랄 만큼 허술한 이야기를 완성시키는 것은 진실이 아니라 욕망, 내가 맞고 상대방이 틀렸다고 속삭여줄 권위 있는 무언가를 향한 욕망이다.

물론 이런 사소한 소동 같은 것으로 페미니즘의 학문적, 사상적, 사회적 위상이 위태로워지지는 않는다. 하지만 이 강렬한 인지부조화에 대해서는 생각해볼 필요가 있다. 스스로를 피해자라고 주장하고, 사회적 약자들의 사상인 평등을 강탈해 더치페이를 위해 쓰고자 하는 이 남자들을 어떻게 보아야 하느냐는 문제다. 이들은 자신들에게 이익이 되는 차별적인 상황을 전혀 개선하고 싶지 않은 이들이다. 그런데 동시에 자신이 악당이 되는 것도 견디지 못하는 이들이다. 그래서 이들은 모든 여성들을 노예로 만들자는 주장을 할 수 있는 자유를 억압당하고 있다고 말한다. 이들의 행동은 이중으로 독기를 뿜어낸다. 하나는 현존하는 차별을 강화시키는 것이고, 다른 하나는 그것에 맞서기 위한 가치들을 웃음거리로 만드는 것이다.

우려스러운 것은 '피해자를 참칭하는 사회적 다수'라는 역설적인 존재가 더는 일부나 소수의 이야기라고 말할 수 없게 되었다는 점이다. 약자를 모욕할 자유와 차별을 개선하기 위한 모든 노력의 중지만을 의미하는 평등이 거의 모든 민주주의 세계에 그림자를 드리우고 있다. 이 기만적 다수는 어쩌면 소수자들의 목소리에 귀를 기울이고 그들에게 곁을 내어줄 수도 있었을 평범한 사람들이다. 부의 극단적인 편중, 무너지는 사회 안전망, 깨진 사회적 신뢰가 이들을 이기적이고 편협한 개인으로 만든 주범이다. 하지만 마찬가지로 자신에게 닥쳐오는 불안을 너무나 손쉽게 약한 자들을 향해 밀어버렸고, 그 결과로 오늘날의 세계를 만드는 데 당당히 일조했다는 지점에서 이들은 공범이다. 구조의 문제를 개인의 온전한 책임으로 돌리는 것은 권력자들의 오랜 전략이다. 하지만 구조를 핑계 삼아 개인이 할 수 있는 몫까지도 모두 방기하는 것은 책임회피다. 구조와 개인 사이에 펼쳐진 황야에서 구원을 내려줄 존재는 '우리'뿐이다. 그러므로 필요한 것은 '뇌내망상'과 피해의식이 아니라 연대를 위한 공감과 상상력이다. 부디 작작 좀 하자.

＊〈경향신문〉 2017.02.03.

# 비싼
# 트로피

#이랑 #한국대중음악상

**2017.02.28. 가수 이랑, 한국대중음악상 시상식에서 수상받은 트로피를 즉석 경매하다.**

⊙------- 제14회 한국대중음악상 시상식에서 최우수 포크 노래상을 수상한 가수 이랑 씨는 유례없는 소감을 밝혔다. 수상으로 명예는 얻었지만 1월에 42만 원, 2월에는 '고맙게도' 96만 원의 수입이 있었고, 50만 원의 월세를 감당하기 위해서는 트로피를 팔아야 할 것 같다며 즉석에서 경매를 부친 것이다. 현금 50만 원을 가진 신원 미상의 재력가(!)가 낙찰에 성공했고, 가수는 50만 원을 손에 들고 돈과 명예를 얻었다며 기뻐했다. 이 퍼포먼스를 보며 상념에 잠긴 것은 가수가 밝힌 수입이 나의 수입과 너무 흡사했기 때문만은 아니다. 몇 년 전 나는, 좋아서 하는 일이라면 모든 것을 감수해야 한다는 말이 새로운 착취의 방식으로 부상하고 있는 상황을 '열정노동'이라는 개념을 통해서 풀

어보려 했다. 그로부터 6년 정도가 흘렀고, 정부와 국회에서도 '열정페이'를 문제 삼는 시절이 되었다. 그러나 여전히 우리 사회는 올해 최고의 포크곡을 만들고 부른 가수에게 최저생계비에도 못 미치는 수입만을 안겨주고 있다.

　물론 사람이 하고 싶은 일을 다 하고 살 수는 없으며, 그것을 국가와 사회가 보장해주어야 할 이유도 없다. 그러나 재능을 인정받은 이들마저 그 일을 하면서 생계를 걱정해야 한다는 것은 문제적 상황이다. 사실 이 트로피는 결코 만만하지 않다. 오늘날 한 조각의 명예라도 차지할라치면 재능은 물론이고, 천운과 시대를 읽는 감각까지도 겸비해야 하기 때문이다. 하지만 이 퍼포먼스를 다룬 기사에 가장 많이 달린 댓글은 '돈 안 되는 음악 하면서 불평하지 말고 돈 되는 일을 해라'였다고 한다. 문화예술계 종사자와 저소득에 고통받는 이들이 하필이면 이걸 모르고 있었다니 안타까운 일이 아닐 수 없다. 이런 대단한 영광을 누리게 되었으니 기쁘고 감사하지 않느냐며 옆구리를 찔러대는 세계를 향해, 이랑 씨는 명예가 기쁘지만 밥을 먹여주진 못한다는 지극히 당연한 이야기를 던졌다. 그러자 세계는 태도가 건방지다며 화를 내고, 그러면 음악을 관두라며 윽박지르는 것으로 응수했다. 급기야는 무슨 세트 메뉴라도 된다는 듯이 가수에게 '남혐' 딱지까지 나붙기 시작했다(과연 남성 뮤지션이 똑같은 행동을 했다면 어땠을까). 이렇게 우리 사회는 예술과 빈곤에 대한 퍼포먼스

하나를 또다시 무간지옥형 블랙 코미디로 만들고야 말았다.

공동체가 음악도, 예술도, 글도 필요 없다고 판단한다면 그 '부수적인 것'들은 사라질 수밖에 없다. 그것들은 인간이 더 나은 삶을 살고자 하는 욕구와 선의에 기대고 있기 때문이다. 하지만 그것들의 효용을 인정한다면 그것을 생산하는 인간들의 삶에 대해서도 관심을 갖는 것이 마땅하다. 창작을 추동하는 힘이 오로지 먹고살기 위함은 아닐지라도, 먹지 않으면 살지 못하는 것이 인간이다. 그러나 우리 사회는 언제나 이 사실을 자의적으로 왜곡한다. 내가 좋아하는 일을 하면서 얻는 즐거움은 어디까지나 내가 만들고 얻은 것임에도, 그것이 그 일에 대한 보상이라도 되는 듯이 굴고 있는 것이다.

이 생존에 대한 불안을 어떤 방식으로든 해소하지 않으면 적어도 나 같은 이들에게 열릴 새로운 세상은 없다. 과거 어떤 시기에 가난은 시간이 지나면 극복되는 것이고 젊은 날의 소중한 경험이었을지 모른다. 하지만 지금의 빈곤은 전혀 그런 성격의 것이 아니며, 내가 로또에 당첨되지 않는 이상 평생 동안 나와 함께할 것임이 너무 명백하다. 나는 오늘날 사람들이 근근이 버티는 것을 너무 당연하게 용인하고 있다고 생각한다. 이 만성적 불만족은 내 마음속에 다른 이들이 들어올 자리를 없앤다. 오로지 가난과 불행과 저주의 배틀 로열만이 가능한 소통 방식이 된다.

나는 내 삶이 나아질 것이라는 근거 있는 희망을 원한다. 재능

있는 동료 시민들의 노력을 착취하지 않고 정당한 보상을 지불할 능력 정도를 원한다. 친구들과 마음 편히 떠들며 마실 수 있는 한 잔의 커피를 원한다. 이게 그렇게 과도한 욕망이라면 잘못된 것은 세상이다.

* 〈경향신문〉 2017.03.03.

2017.03.10.

헌법재판소, 박근혜 파면 선고

"피청구인 대통령 박근혜를 파면한다."

# 우리 동네
# 박근혜들

#단톡방 #부당_해고

2017.03.02. 시민단체 '푸른사람들'에서 단톡방 빌미로 해고된 부당 해고자들, 복직과 공개 사과 요구 기자회견을 열다.

⊙------- 어느 사장님이 말한다. '직원들끼리 사적으로 친해지지 마라' '직원들끼리 따로 술 마시지 마라' '불만은 이야기하면 증폭된다' '네가 칼퇴를 한 사이에 문제가 발생하면 어쩔 거냐'. 이 사장님은 실제로 직원들이 모여서 불만을 토로하지 않는지 살피고, 개선을 요구하는 직원들을 따로 불러서 야단을 쳤다.

견디다 못해 몇몇 직원들이 사장님 몰래 '단톡방'을 만들었다. 말도 못 꺼내게 하는 사장님 흉도 보고, 느끼는 어려움이나 문제점도 공유하는 그런 곳이었다. 그런데 그걸 들켜버렸다. 그러자 사장님은 너희들에 대한 신뢰가 깨졌다며 직원들을 해고했다. 그것은 해고 사유가 될 수 없다고 항의하자, '경영상의 문제로 인한 인원 감축'이라고 적힌 해고 통지서가 날아왔다.

만약에 이런 사실이 알려졌다면 사람들의 반응은 어땠을까? 노동자의 권리를 무시하는 악덕업주라며 여론의 도마에 올랐을 것이다. 물론 요즘에는 워낙 기상천외한 악덕 사장님들의 기행이 판을 치고 있는 터라 이 정도로는 조금 부족할지도 모른다.

그럼 이제 업종을 바꿔보자. 이것이 만약 공익적 가치를 중시하는 진보적인 시민사회단체라면 어떨까? 특히나 전태일 정신을 기반으로 자신의 삶과 활동을 이어나가고 있다고 주장하는 대표자가 운영하는 단체라면?

쓴웃음이 올라온다. 이제 이런 이야기를 들어도 놀라거나 충격받지 않는 지경이 되었다. 주로 중년의 진보 명망가 남성이 주인공을 맡는 이 막장극들은 두 번의 현실 부정과 함께 시작된다. 하나는 자신이 고용한 활동가들이 노동자라는 것을 인정하지 않으려고 하는 것, 그리고 다른 하나는 평생 정의로운 저항 세력이었던 자신이 저항의 대상이 될 수도 있다는 사실을 부정하는 것.

활동가가 노동자인가 아닌가는 그들이 어디로 출근하고, 어디에서 일하며, 어디에서 월급을 받는지만 봐도 알 수 있는 문제다. 하지만 대체로 1970~80년대 민주화 운동의 구성원이었던 '대표'들은 이 활동가들이 사회적 약자나 공익을 위해 헌신하는 존재이기 때문에 노동자가 아니어야 한다고 생각한다. 물론 많은 경우 활동가들은 자신들의 신념과 소명을 위해 박봉이나 과잉 업무를 감수하곤 한다. 그러나 그것은 활동가들이 활동을 통한 수입으로 생계를 꾸려야 하고, 적절한 휴식과 쾌적한 노동 환경이 필요하다는 사실을 부정하는 근거가 될 수는 없다.

저항자가 저항의 대상이 되는 것은 얼마든지 있어왔던 일이다. 누군가가 저항자인가 아닌가를 결정하는 것은 그 사람이 스스로를 그렇게 생각하느냐가 아니라 그 사람이 처한 객관적 상황과 위치다. 내가 지금 어디에 서 있는지 성찰하지 않으면 어떤 대단한 혁명가라도 꼰대나 억압자가 될 수 있다. 특히 스스로의 역할에 대한 지나친 자의식과 성에 차지 않는 사회적 보상과 존경에 대한 억울함이 마음속에 엉켜 있다면, 해결할 수 있는 일도 미제 사건으로 남게 된다.

대표들도 인간이고 실수를 한다. 완전무결해야 한다는 것은 당연히 아니다. 하지만 자신의 활동에 대한 책임감이 있는 사람이라면 욕을 먹은 것에 대한 억울함보다는, 신뢰를 회복하고 다음 세대를 양성하며 소통하는 것에 더 많은 고민을 쏟게 될 터다. 활동가의 헌신을 당연히 여기고 함부로 대하는 것은 그 행위 자체도 문제이거니와, 활동가들의 헌신으로 위태롭게 버티고 있는 시민사회의 공익적 가치와 신뢰를 훼손하기 때문에 더 엄중한 잘못이다.

역사의 어느 국면에서 이 '대표님'들은 분명히 전태일의 동료였다. 하지만 오늘날에도 여전히 그 옆에 서 있는지는 생각해볼 일이다. 자신에게 주어진 작은 권한을 기꺼이 함부로 행사하는 이들이 박근혜의 대한민국의 공범이었다. 박근혜의 구속이 온전한 승리이기 위해서는 우리 안의 작은 박근혜들도 함께 보내야 한다.

＊〈경향신문〉 2017.03.31.

# 무엇이
# 적폐인가?

#적폐_청산

적폐 청산은 문재인 정부가 내세운 주요 과제 중 하나다. 박근혜·최순실 국정
농단 사건의 연루자들을 수사하는 것은 물론이고, 이명박 전 대통령의 비리와
의혹도 수사 대상에 올랐다. 이 움직임은 언론계를 비롯하여 사회의 거의 모든
공적 영역으로 번져나갔으며, 단숨에 유행어가 되었다. 한편 문재인 대통령의
일부 지지자들이 문 대통령과 여당을 지지하지 않는 노조나 사회 세력들도 적폐
라는 딱지를 붙여 논란이 일기도 했다.

⊙------- 대선이 코앞인 이 시점에서 나는 의문이 생겼다.
이번 대선은 '적폐 청산'이 중요해 보인다. 하지만 우리는 적폐
가 무엇인지는 잘 알고 있는 걸까? 일단 명백한 상황들이 있다.
이 대선은 박근혜와 최순실의 국정 농단 사태에 분노한 시민들
의 촛불로 만들어졌다. 그러므로 그들과 국정 농단을 도운 세력
에 대한 확실한 진상 규명과 정당한 심판이 이 적폐 청산의 기
본이다.

당사자인 박근혜를 비롯하여, 많은 인사들이 구속되었다. 그
러나 여기서 끝이 아니라는 것을 우린 이미 알고 있다. 우리가
촛불을 들고 외쳤던 구호들을 기억해보자. 재벌도 공범이다. 언

론도 공범이다. 지금은 갈라진 구 새누리당도 공범이다. 비록 이재용 삼성 부회장이 구속되어 재판을 기다리고 있다지만, 이 공범들에 대한 청산의 계획은 아직 구체적이지 않다. 아니 오히려 이들은 여전히 한국 사회의 주류이며, 여전히 건재하고, 정치적 이합집산과 눈치 보기를 통해 숨을 고르며 재기를 도모하는 중이다. 누가 재벌에 맞서고, 언론에 맞서고, 강간 모의의 추억 하나쯤은 가지고 있어도 아무런 상관없는 보수 정치 세력과, 성소수자 차별을 자신들의 명줄로 부여잡고 악다구니를 쓰고 있는 대형 보수 교회들에 맞설 것인가?

지금 유력 대선 후보 중 심상정 후보 정도를 제외하면 이른바 적폐에 맞설 의지가 별로 없어 보인다. 홍준표, 유승민 후보는 박근혜라는 꼬리를 잘라내고 보수의 패권을 거머쥘 궁리에 바쁘고, 안철수 후보는 지리멸렬한 잡음들을 선거 전략이라고 우기는 중이다. 가장 유력한 후보인 문재인 후보는 너무나도 겸손한 나머지 다시 이등병이라도 된 듯 군복을 차려입고서는 대형 교회며 재벌에 연이어 머리를 숙이고 있다.

지지율 1위를 달리는 문 후보의 지지자들은 이런 행보에 대하여 '정치 현실'을 보라며 옹호하는 중이다. 하지만 궁금한 것은 대형 교회와 했던 약속은 지키지 않아도 되는 약속이란 말인가? 재벌과 한 약속은? 그리고 그것이 그들의 말대로 정권 교체를 위한 광폭 행보라면 왜 소수자들 앞에서는 유독 그 발걸음이

멈추는 걸까? 우리가 쟤들보다는 좀더 나은 차별주의자들이라고 자랑스럽게 외치는 이들에게 무슨 정의와 더 나아진 세상을 기대할 수 있단 말인가? 게다가 이 '지지자'들은 우리 후보의 지지율이 떨어지니 너희는 입을 다물어야 한다고 말한다. 이 기적의 정치적 설득 논리 덕분에, 당신이 입을 다물라고 외치는 이들과 그 친구들의 지지가 저 멀리 사라지는 것 하나는 확실하다.

이들이 생각하는 적폐 청산은 강력한 힘을 얻으면 적폐 세력을 일거에 소멸시킬 수 있다는 망상에 가깝다. 하지만 아주 '현실적으로' 민주당 창당 이후 최고의 기회를 얻었던 참여정부와 열린우리당을 떠올려보라. 그것은 착하고 무능한 것을 넘어서 그 자체로 적폐인 것을 잔뜩 만들어냈다. 노동의 퇴보, 부동산 문제, 국가보안법 폐지 실패, 사학비리 근절 실패, 사회 양극화, 한·미 FTA, 기업 지배의 전면화가 모두 '민주 정권'에서 일어났다.

시대의 흐름이 그러했는데 무엇을 할 수 있었냐고? 그럼 지금은 무엇을 할 수 있단 말인가? 오늘날의 지지는 언제든지 거대한 실망으로 돌아설 준비가 되어 있고, 차기 정부 대통령은 전 정권의 문제들과 새 시대를 열망하는 사람들의 기대 모두와 맞서야 한다. 국제사회에서의 입지는 더욱 좁아졌고, 북한 문제는 시한폭탄이다. 나빠졌으면 몇 배는 나빠졌을 상황 앞에서 당선만 되면 다 해낼 것이라는 주장은 얼마나 공허한가?

미몽에서 하루라도 빨리 깨어나지 않으면, 적폐 청산은커녕 정권 교체가 무색하게 무기력 속으로 빠져드는 '마지막' 민주 정권을 보게 될지도 모른다. 필요한 것은 점령군이 아니라 지독한 자기 성찰로 단련된 민주주의자들이다.

＊〈경향신문〉 2017.04.28.

# 과거와 같은 남자는
# 불가능하다

#한남 #줄쓰큰

한남은 한국 남자의 준말이다. 메갈리아에서 사용되기 시작하여 한국 남자에 대한 비판적 언설에서 일종의 욕설로 통용되고 있다. 하지만 한국 남자를 줄였을 뿐인 이 단어가 어째서 욕설로 들리는지는 알 수 없는 일이다. 한남이라는 말에 분통을 터트리는 한국 남자들을 위해 "줄여서 쓰면 큰일남"을 줄인 말인 "줄쓰큰"이 대신 사용되기도 한다.

⊙------- 한국에서 태어나고 자란 이성애자 남성으로서 요즘 부쩍 느끼는 공포가 있다. 나와 동일한 정체성을 가진 이들이 연이어 일으키는 사건·사고와 추문 때문이다. 떠오르는 생각은 두 가지. 저들은 왜 저렇게 행동하는가? 어떻게 하면 나는 그러지 않을 것인가?

공교롭게도 오늘날 한국을 포함한 발전된 몇몇 국가들에서 나타나는 동일한 현상이 있다. 여성혐오와 차별을 더 이상 두고 보지 않겠다고 외치는 페미니즘 운동의 전 세계적 창발과, 사회적 주류인 (백인)남성들의 반여성적이고 반민주주의적인 흐름이다. 이렇게 보면 오늘날 민주주의가 맞이하고 있는 위협의 중요한 한 축을 '남자 문제'라고 명명해도 될 것 같다.

사실 '남자'가 발견된 것은 그리 오래된 일이 아니다. 가령 남자다움은 그저 모두에게 권장할 만한 미덕을 모아놓은 것이지, 남자라는 성별의 특성을 일컫는 것은 아니었다. 그리고 그 반대에 있는 악덕은 언제나 여자다운 속성으로 여겨져 왔다. 특별히 성별을 명시하고 있지 않은 거의 모든 것들의 주인공은 남자였다. 페미니즘이 등장한 이후에야 보편성에 숨어 있던 남자를 하나의 특정한 성별이자 정체성으로 바라볼 수 있게 되었다.

모든 시대의 남자는 그 시대의 사회·경제·문화의 영향을 받으며 형성된다. 오늘날 남자 문제는 남자들이 맞이한 위기에 대한 퇴행적 대응으로부터 연유한다고 할 수 있다. 사실 위기는 남자뿐만 아니라 대부분의 사람들이 똑같이 겪고 있다. 삶의 조건이 팍팍해지고, 사회적 신뢰는 바닥났으며, 삶이 나아질 것이라는 희망이 맹렬한 기세로 사그라들고 있는 2017년의 세계 말이다.

남자들에 의하면 세계는 페미니스트에게 장악되어 있다. 정·재계는 물론이고 언론과 사법기관에서 암약하고 있는 페미니스트는 음모를 꾸며서 '강간 반대' '동일 노동·동일 임금' '차별 금지' 같은 무서운 일들을 관철하려고 하는 중이다. 이 때문에 남자들은 '역차별'을 당하며, 아무 말과 아무 행동을 할 수 있는 자유를 억압당하고 있다. 그래서 남자들은 온라인에서 페미니스트들에게 성추행을 하고 욕을 퍼붓거나, 존재하지 않는 사상을 날조하거나, 눈에 보이는 모든 여자들에게 '페미나치' 같은 근본 없는 딱지를 붙이는 투쟁을 이어간다.

이 삼류 음모론에 덧붙은 레지스탕스의 서사는 기존 소수자 운동의 요소들을 조야하게 모방한 것이다. 이 서사를 통해 남자들은 자신이 '정당한 피해자' 위치에 있다고 주장하고자 한다. 하지만 이들이 이런 일련의 행위를 통해서 궁극적으로 얻고자 하는 것이 무엇인지는 확실치 않다. 그 누구도 명시적으로 성폭력의 자유, 여성에 대한 사회경제적 차별 같은 것을 주장하지는 못하기 때문이다. 근본부터 잘못된 논리 구조에 그럴싸해 보이는 단어를 아무리 들이부어도 명분은 쌓이지 않는다. 남은 것은 오로지 정당성의 앙상한 형식과 그것을 통한 정신승리의 길뿐이다.

우리 시대의 남성성은 분열적이다. 젠더 권력은 여전히 남자를 유리한 위치에 두지만 과거만큼 압도적이지는 않다. 여자들은 점점 대등한 경쟁자의 모습으로 나타난다. 젠더 권력을 휘두르는 것 말고 자신의 사회경제적 위치를 사수할 방법이 없는 남자들은, 온갖 비열하고 폭력적인 추태를 벌인다. 하지만 그와 동시에 남자들은 자신이 젠더 권력을 통해 짓밟은 여자들에게 사랑받기를 원한다. 게다가 남자들 간의 연대에도 금이 가기 시작했다. 세계적으로 사랑받는 남자들은 스스로를 페미니스트라고 말한다. 그들보다 나은 것이 하나도 없는 다른 남자들은 그래서 모든 것을 비난한다. 이 뒤틀린 게임을 지속할수록 상황을 타개할 필수 요소인 상호 신뢰의 상실은 가속된다.

결국 남자 문제의 핵심은 좋은 남자가 되어야 한다는 것이 아니라, 과거와 같은 남자가 더 이상 불가능하다는 데에 있다. '남성 가장'은 조만간 사용되지 않는 말이 될 것이다. 불합리를 참지 않기로 한 여성들을 과거로 돌려보낼 방법도 없다. 하루빨리 남자가 아니라 인간이 되는 법을 배우지 못한다면, 기껏해야 세계 멸망의 도우미가 될 수 있을 뿐이다.

＊ 〈시사IN〉 2017.03.30.

# 육군 본부의
# 아이히만

#아우팅 #군대_내_동성애

**2017.04.13. 군인권센터가 군대 내 동성애자 색출 사건을 폭로하는 기자회견을 열다.**

⊙------- 미국발 안보 위협이 한반도를 강타하고 있다. 평소에는 별다른 외교적 이점을 안겨주지 않는 한반도의 지정학적 중요성이, 시작부터 삐거덕거리는 트럼프 정부의 눈에 띈 탓이다. 그 덕분에 5월 9일 대선을 향해 달려가는 대선 주자들은 연일 자신과 군의 친화성을 과시하기에 바쁘다.

이렇게 너도나도 안보를 외치는 동안 군 내부에서는 그야말로 '인간 사냥'이 진행 중이었다. 군인권센터에 따르면 올해 초 육군참모총장은 군대 내 동성애자들을 색출해 처벌하라고 지시했다고 한다. 한국은 동성애자라고 해서 군대에 가지 않아도 되는 나라가 아니다. 군 역시 공식적으로는 부대관리훈령을 통해 동성애자 병사들에 대한 차별과 식별 활동 및 사생활 침해, 입증

요구를 금지하고 있다.

그러나 군인권센터가 밝힌 증거 자료들에 따르면, 군 수사관들은 동성애자로 식별된 군인에게 다른 동성애자들을 제보할 것을 강요하는 한편, 성관계에 대해 캐묻고, 아우팅 협박을 했으며, 게이 데이팅 앱에 위장 잠입해 색출하려고 했다. 급기야 얼마 후 전역이 예정되어 있고 변호사와 함께 수사기관에 출석하기로 한 대위를 구속 수감했다. 이를 막기 위한 시민 3만 7000여 명의 서명이 진행된 직후의 일이다.

이는 정말 심각한 수준의 인권유린 사태가 아닐 수 없다. 의무적인 입대가 정해진 바에야 개인의 비행이나 범죄가 아닌 정체성으로 처벌을 한다는 것은 있어서는 안 되는 일이다. 그게 정 싫다면 하다 못해 군대에 오지 않도록 해주기라도 해야 한다. 그런데 이 사건은 성소수자들을 옴짝달싹 못하게 해놓고 함정수사를 벌인 것이나 마찬가지다. 심지어 과거 전두환 정권이 자행했던 프락치 사건을 연상케 한다. 군은 정훈교육 때마다 북한의 인권 실태를 고발하며, 그것을 남한 체제 우월성의 증거라고 주장한다. 이번 사태를 볼 때 군이 북한과 경쟁하고 싶어하는 것은 바로 그 인권유린인 듯하다.

군인 출신 대통령 세 명이 30년 넘게 통치했던 한국 사회는 '문민정부'를 기점으로 군부 정치에서 벗어나기 시작했다. 군부 독재가 있었던 나라 중 군부를 현실 정치에서 몰아낸 나라는 드물다. 이는 한국 민주화 운동의 중요한 성과다. 군대 역시 그 물살을 타고 민주화의 길을 걸었다.

예비역이라면 '그래봤자 군대'라는 말의 의미를 잘 알고 있으리라. 문제가 발생하면 그 문제의 본질을 제외한 모든 것에 대해 쓸모없고 세세한 규칙을 만드는 조직이 바로 대한민국의 군대다. 이번 사태에서 보듯 군에서 민주주의나 인권 같은 개념은 아직도 진지하게 받아들여지지 않고 있다. 장병 인권을 보장해주겠다며 하달된 지시들이 아무런 변화도 불러일으키지 못한 채 병사들의 스트레스만 가중시키는 일도 비일비재하다. 쓸모없는 명령들만 쭉정이처럼 흩날리는 동안 아무도 군이 거대한 '종교 재판정'이 되는 것을 막지 못했다.

군인이 상급자의 명령에 복종해야 한다는 것은 군의 정확한 작전 수행과 군기 확립을 위한 것이지, 상급자의 반인권적 지시에 찬동해야 한다는 뜻이 아니다. 하지만 이토록 전격적인 '동성애자 사냥'이 가능하다는 사실은, 오늘날의 군이 지휘관의 비위나 맞추고 눈치나 보는 조직이라는 증거나 다름없다. 불과 얼마 전에 공사를 구분하지 못하는 대통령을 파면하고 구속시켰는데, 사리 분별 못하는 윗분들과 그 하수인의 행렬이 아직도 너무 길다.

때가 되면 돌아오는 안보 타령과 사건 사고 소식에서 벗어나기 위해서는, '공화국을 지키는 집단이 바로 군대'라는 본령에 충실하도록 시민의 힘으로 군대를 재조직해야만 한다. 문제를 은폐하고, 양심적 병역 거부자를 감옥에 보내고, 동성애자를 색출해서 잡아 가두고, 여군을 성차별하고, 혼혈인들을 인종차별하는 군대는 결코 그런 임무를 수행할 수 없다.

* 〈시사IN〉 2017.05.06.

2017.05.10.

문재인 제19대 대통령 당선

# 동성애를
# 옹호하며


#기독교_동성애_탄압

**2017.06.02. 한국교회동성애대책협의회가 '생명, 가정, 효 세계대회'라는 반동성애 국제대회를 개최하다.**


⊙------- 　문재인 대통령이 "인권을 다시 세우겠다"고 천명한 이후에도, 군에서는 인간 사냥이나 다름없는 동성애자에 대한 색출과 처벌이 이어지고 있다. 나는 이 짧은 글에서 가능한 방법을 모두 동원해서 동성애자의 인권을 옹호해보려 한다.

　먼저 '동성애를 차별하지는 않지만 너무 강한 발언 방식 때문에 없던 반감이 생기려 하는' 분들을 위한 설득을 해보겠다. 동성애는 현대 자본주의의 병폐이거나 인간의 본성을 거스르는 행위가 아니다. 동성애는 인류의 역사, 혹은 생명의 역사 속에서 언제나 일정한 부분을 차지하고 있었던 자연스러운 행위 중 하나다. 동성애자는 도덕적으로 타락하여 쾌락만을 좇는 변태 성욕자가 아니고, 그저 호감을 느끼고, 섹스를 하고, 사랑을 하는 대상이 동성인 평범한 사람들이다. 뿐만 아니라 동성애는 그 어떤 의학적 소견에서도 질병이 아니고, 전염되지도 않는다. 에이즈는 동성애자들 사이에서 자연 발생한 병이 아니라 동물에게서 유래한 바이러스이며, 동성애자들로부터 이성애자들에게로 에이즈가 전염될 개연성도 매우 낮다.

종교적인 이유 때문에 꺼려진다면 약간 이야기가 어려워지지만, 근본주의 기독교와 이슬람교 등에서 동성애를 탄압하는 근거로 내세우는 경전의 구절들은 다분히 취사선택적인 것이다. 그 경전들에 따르면 당신은 현대 사회에서 현대 문물을 사용하며 살아가는 것 자체가 죄악의 구렁텅이에서 구르고 있는 것이나 마찬가지다. 당장 가지고 있는 모든 재산을 종교 공동체에 헌납하고 자급자족하며 살아가지 않을 것이라면 당신도 안 지키는 그 규율들을 애먼 사람들에게 들이대서는 안 된다.

무엇보다도 동성애자의 인권을 보장하는 것은 거의 비용이 들지 않는다. 그냥 그들이 알아서 사랑하도록 놔두기만 하면 된다. 동성애자들의 입대를 공식적으로 허용한 나라에서 그것 때문에 전투력이 하락했다는 사례는 보고되지 않았다. 동성애자들이 가족을 꾸릴 권리를 보장하는 것 역시 추가 비용은커녕 행정적 문제에서의 편의성이 증가할 뿐이다. 동성 부부가 합법화된다고 해서 출생률이 떨어지거나 이성 부부가 줄어들지도 않을 것이다. 원래부터 존재해왔던 동성애자들이 좀더 당당하게 자신들을 드러낼 것이라는 변화 정도를 제외하고는, 별로 바뀔 것도 없을 것이다.

이 정도는 부족할까? 그럼 읍소다. 동성애자들은 이성애자들이 생각지도 못할 가공할 만한 차별과 폭력에 시달리며, 그 존재 자체를 사회로부터 부정당하고 있다. 사랑하는 사람의 손을 잡고 꽃이 핀 공원을 거니는 일이, 그들에게는 목숨을 건 모험이 될 수도 있다. 감금, 교정 치료, 폭력이 이들의 일상에 도사리고 있으며, 심지어는 교정 강간이나 살해에 이른다. 동성애자들의 높은 자살률은 동성애가 아니라 그들에 대한 차별에서 비롯되는, 어디까지나 사회적인 현상이다.

무엇보다도 이들은 당신이 아는 그 누구일 수도 있다. 당신이 평생 동안 만나왔던 가족, 친구, 동료 중에는 분명히 동성애자가 있었을 것이다. 만약 당신이 결혼을 한 이성애자이고, 자녀가 있다면 그 자녀가 동성애자일 수도 있다. 당신 때문에 세상에 나왔고, 당신에게 기쁨과 사랑과 삶의 이유를 주었던 그 아이가 자신이 원하는 사람을 만나 행복해지는 것을 원하지 않는가?

이마저도 안 통한다면 남은 것은 경고다. 무슨 짓을 하든 이들은 사라지지 않을 것이다. 이들은 사랑할 것이고 언젠가 필연적으로 승리할 것이다. 당신은 인종차별이나 성차별이 그랬던 것처럼 어리석음의 전당에 길이 이름을 남기게 되리라. 혹여 이들이 패배한다면 그때는 더 큰 문제다. 이들을 휩쓸어간 그 광기가 당신의 어떤 정체성을 못마땅해할지 누가 안단 말인가? 민주주의적 공존은 어려운 게 아니다. 인권은 지켜주고 사생활은 신경 끄면 된다.

＊〈경향신문〉 2017.05.26.

# 제로부터 시작하는
# 투쟁 라이프
## _ 사회운동의 반복적 리셋에 대한 소고

#비정규직

**2017.04.29. 기아차 노조, 비정규직원을 조합원서 제외하다.**

## 2016년~2017년의 촛불

⊙------- 2017년 봄, 대한민국의 시민들은 건국 이래 세 번째로 대통령을 청와대에서 쫓아냈다. 사퇴도 제대로 된 사과도 없이 버티던 박근혜 전 대통령은 "피청구인 대통령 박근혜를 파면한다"라는 주문(呪文) 같은 한마디와 함께 박근혜 씨가 되었고, 얼마 안 가 구속 수감되어 재판을 치르게 되었다. 단 한순간도 방심할 수 없는 스릴러 무비 같은 현대사를 갖고 있는 우리들이지만, 이것이 시민들의 승리로 기록되지 못할 이유는 없어 보인다.

시위대는 그 누구의 훈수도 필요 없을 만큼 이미 전략적이었다. 촛불은 야당을 포함하여 탄핵 심판에 회의적이던 의회를 본회의장에 눌러앉혀 탄핵 소추를 가결시켰다. 공이 헌법재판소로 넘어간 이후에도 촛불은 꺼지지 않았다. 세계에서 유래 없을 만큼 질서 정연하고 준법적인 반정부 시위가 이어졌다. 의회에서 헌법재판소로 이어지는 절차는 법에 근거한 것이었지만, 그 법리를 현실화한 것은 명백히 촛불집회의 힘이었다.

"이게 나라냐?"라는 촛불시위대의 질문 속에는 혁명적 변화보다는 정상 국가에 대한 열망이 자리하고 있었다. 아마도 그것이 2002년의 촛불이나 2008년의 촛불과는 다른 지점이었을 것이다. 2002년의 촛불은 월드컵으로 고취된 민족적 자긍심이 참혹한 사건을 만나 벌어진 것이었다. 2008년의 촛불은 웰-빙이라는 라이프스타일의 유행과 보수적 정권 교체에 대한 분노가 만났으나, 광장 그 자체로의 고착과 고립으로 마무리되었다. 2016년의 촛불은 정권의 거대한 스캔들이 드러난 상황 속에서, 불법적인 현 정권의 퇴진이라는 명확하고 동의할 수 있는 목표가 세워질 수 있었다. 2016년의 시위대는 광장에서 밤을 새지 않았으며, 주어진 일을 처리하는 사람처럼 효율적으로 움직였다.

## '꿘'들의 추락

하지만 정권의 퇴진은 모두가 동의할 수 있었던 목표일 뿐, 그

것 자체가 새로운 세상에 대한 비전이 되기는 어렵다. 불과 얼마 전까지 한국 사회의 유행어였던 '헬조선'을 만들어냈던 조건들은 지금도 변함없이 작동되고 있다. 지난 대선의 핵심 의제 중 하나였던 '적폐 청산'은 단지 박근혜와 그 세력들의 인적 청산만을 의미하는 것이 아니다. 그렇게 긴 시간 동안 극소수의 이해관계에 의해 대통령의 권한이 남용되었다는 사실은, 그것을 가능하게 했던 수많은 조건들에 변화가 없다면 여전히 반복될 수 있다는 것을 뜻한다.

하지만 촛불과 그 이후의 상황들에서 나타난 것은 변화에 대한 고민보다는 '우리'가 권력을 잡으면 모든 것이 해결될 것이라는 근거 없는 믿음과, '비협조자'들에 대한 서슬 퍼런 협박이었다. 특히 소수자와 진보 진영들에 대한 유력 후보 진영의 공격은 함께 광장에 있었던 시간을 망각하게 할 만큼 맹렬했다. 정권교체가 누군가에게는 삶의 변화와 직결되는 문제이겠지만, 누군가에게는 아닐 수도 있다. 그리고 이 불길한 예감은 한국 사회의 사회 · 경제적 약자들에게 강하게 다가온다.

이런 지점에서 좋지 않은 신호가 눈에 띈다. 그간 한국 사회의 변화에서 중요한 축을 담당했던 사회운동들이 보이고 있는 퇴조다. 1987년 이후 '체제 내의 운동'을 선언하면서 민주화를 넘어 다양한 주제의 운동으로 전환을 도모했던 시민운동 진영은 물론이고, 대학 내부의 학생운동, 노동조합 등이 모두 고전을 면치 못하고 있다. 이는 물론 지난 보수 정권들이 시민사회 진영에 대한 전면적인 방해와 탄압을 진행해왔기 때문이기도 하다. 하지만 그와 동시에 한국의 사회운동 자체가 내재적으로 맞이하게 된 위기들도 분명히 존재한다.

오늘날의 사회운동이 보여주는 모습은 창발과 소멸, 사법화, 문화적 고착, 고립화/탈맥락화라는 양태들로 요약할 수 있을 것 같다. 나는 이 글에서 이 양태들을 거칠게 스케치하고, 이 위기들의 원인에 대해서 고찰해보려고 한다.

## 시작, 그리고 또 시작: 페미니즘의 경우

운동에 새로운 주체들이 등장하는 것은 당연히 환영할 만한 일이다. 그러나 이 주체들이 기존의 맥락과 만나지 못하고 창발과 소멸을 반복한다면 문제가 있다. 가령 오늘날 가장 인상적인 활약을 보여주고 있는 운동은 '메갈리아' 이후 진행되고 있는 페미니즘 운동이다. 2004년 성매매특별법의 제정과 '성노동'을 둘러싼 논쟁 이후, 한국의 페미니즘 운동은 긴 침체기로 접어들었다. 이후 간헐적으로 터져 나왔던 페미니즘 관련 이슈들을 의제화하고, 행동으로 옮긴 것은 트위터 등의 SNS 유저들이었다. 하지만 기존의 여성운동 조직, 대학과 제도권 정치 내의 여성운동 등은 상당한 고전을 면치 못하고 있었다.

2015년 메갈리아의 등장은 페미니즘 이슈를 사회의 전면에 부각시켰다. 이후 3년 정도 시간이 흘렀고 메갈리아라는 커뮤니티나 실체는 사라졌지만, 페미니즘은 사라지지 않았다. 과거 취약 시장으로 분류되었던 서점가의 여성학 코너는 계속해서 출간되는 신간들과 여성 독자들의 성원으로 불황을 딛고 반짝이는 장르가 되었다. 이후의 선거 과정에서 퇴색되었지만 대선의 유력 후보들 역시 페미니스트 대통령이 되겠다고 선언하기도 했다.

이 눈부신 성과에도 불구하고 오늘날의 페미니즘 운동에는 불안이 깃들어 있다. 메갈리아 이후 등장한 새로운 여성운동의 주체들은 의도적이거나 비의도적으로 기존의 여성운동과 거리를 두고 있었다. 그 결과 새로운 페미니스트들은 기존의 운동이 시행착오 끝에 극복해낸 문제들을 처음부터 다시 시작하는 것은 물론이고, 기존의 운동이 해결하지 못했던 딜레마들에도 똑같이 직면해야 했다. 내부의 차이, 조직의 위계와 책임에 대한 논의, 당사자성의 문제, 성폭력에 대한 개념 규정과 대응 방식 등과 같은, 피해 갈 수도 없으며 쉽게 해결할 수도 없는 문제들이 새로운 페미니스트들에게도 도래한 것이다.

최초의 '미러링'의 국면에서는 메갈리아의 활동에서 이런 문제들이 전면화되지 않을 수 있었지만, 게이 혐오 논란에서 비롯된 '워마드'와의 분화를 시작으로 문제들은 반복적으로 등장했다. 워마드의 분리주의와 성소수자 혐오에 대한 논쟁, 비건 페미니스트 논쟁, '참고문헌 없음'[19] 프로젝트를 둘러싼 논란, '사이버 불링' '가스라이팅' '2차 가해'와 같은 확장된 (성)폭력 개념에 대한 오인 또는 남용, 이성애자와 성소수자, 기혼과 미혼 여성 사이의 긴장과 같은 문제들이 새로운 페미니즘 내부의 논쟁 주제로 등장했다. 페미니즘적 열망은 여전히 남아 온오프라인 공간을 떠돌고 있으나, 서로 상충하는 열망들이 만났을 때 그것을 중재하고 조정할 수 있는 주체나 조직은 부재한다. 일부 과열 양상을 보이는 곳에서는 자신들과 생각이 다른 그룹들에 대해 조직적인 음해나 공격을 시도하는 온라인 '부족 전쟁'의 모습도 보이고 있다.

몇몇 과격한 충돌에서 부딪히고 있는 것은 논점들이라기보다는 자존감이나 자아들이다. 운동을 위해 개인의 희생을 요구했던 과거 권위주의적 운동권 문화에 대한 비판이나 반작용으로 보기에는, 개인의 자존감을 위해 운동 전체의 희생을 불사하는 감각들은 과도한 면이 있다. 특히 특정 사건에 대한 이견을 자신에 대한 공격이자 '가해'로 규정하고 사과라는 명목의 굴종(왜냐

---

**19** 《참고문헌 없음》은 2016년 SNS에서 시작된 해시태그 '#문단_내_성폭력'에 대한 여성 문인들의 폭로와 고발을 모아 출간한 프로젝트다. 텀블벅 사이트를 통해 2321명이 후원하고 목표액의 309%를 달성했으며, 책은 2017년 5월에 발간되었다. 진행 과정에서 운영 주체의 일원이 과거 데이트 폭력의 가해자였다는 피해 고발인의 폭로가 있었고, 이 문제를 해결하는 과정에서 다른 주체들과 후원자들을 포함한 논쟁이 발생했다.

하면 그 사과문은 결코 심사를 통과하지 못할 것이므로)과 상대방의 소멸을 획책하는 상황이 벌어지는 것은 이 자존감의 운동이 갖는 문제를 잘 보여준다.

또 '참고문헌 없음'을 둘러싼 폭로전의 초창기에, 폭력과 연루되어 있기 때문에 그것에 대한 지지를 철회한다고 선언했던 이들의 등장은 오늘날의 페미니즘 열풍이 가지고 있는 가장 취약한 지점을 보여주고 있다. 텀블벅 등의 펀딩 플랫폼을 통해 페미니즘적 '굿즈'를 구매하는 '도덕적인 나'와, 그것이 사실은 결백하지 못한 것이었기 때문에 그것에 대한 불매를 선언하는 '도덕적인 나'에게서는 내부에서 벌어진 문제에 책임감을 갖고 그것의 진실과 해결을 추구하고자 하는 내부로의 운동의 동력이 보이지 않기 때문이다.

가장 큰 문제는 이 혼란을 견디지 못하고 떠나가는 이들의 존재다. 열망들 간의 이견이 제대로 된 논쟁으로 정립되지 못하고, 개인과 개인, 집단과 집단의 감정적 싸움으로 고착되어버리면, 남는 것은 상처와 손실이다.

이런 악순환이 2015년의 페미니즘에 처음 닥친 것도 아니다. 몇 세대에 걸쳐 페미니즘은 계승보다는 단절을 겪었고, 창발과 소멸을 반복해서 겪었다. 그리고 페미니즘 역시 하나의 예일 뿐이다. 조직과 비조직을 망라한 대부분의 사회운동판 자체가 이와 비슷한 사이클을 반복하며 짧은 희망과 긴 절망을 계속해서 맛보았다.

창발의 원인은 현실에 존재하는 불만과 불안이 어떤 계기들을 만나서 표출되는 것이다. 그러므로 이 창발은 앞으로도 계속될 것이다. 하지만 지금과 같은 상황이라면 이 창발적 주체들은 똑같은 시행착오와 실패를 반복하며 비슷한 지점에서 좌초하게 될 가능성이 크다.

## 로앤오더(Law & Order), 운동의 사법화

단절의 문제는 기존의 사회운동 조직들에서 일어난 일련의 변화들에서도 기인한다. 오늘날의 사회운동 조직들에서 나타나는 큰 흐름은 '전문화'이다. 전문화는 크게 두 갈래로 나뉘는데 하나는 대학교수와 전문가들을 통해서 운동의 핵심이 되는 전문적인 내용들을 얻거나, 혹은 활동가가 현장 경험에 추가된 학습을 통해 전문가가 되는 것이고, 다른 하나는 공익 소송, 행정 심판, 입법 청원, 고소 고발 등 법을 기반으로 하는 활동을 펼치는 것이다.

민주화 이후 1990년대 급격히 늘어난 시민운동 단체들은 인권, 소비자 보호, 부패 추방, 의회 감시, 사법 감시, 여성운동, 환경운동 등 분야도 다양했으며, 거의 모든 분야가 법을 운동의 중요한 수단으로 활용하면서 인권변호사, 공익변호사들의 도움을 받아 공익소송운 동, 입법운동을 전개했다. (…) 그러므로 우리 사법권의 위상 강화 는 사법부 자신의 노력도 있었지만, 무엇보다도 NGO 등 시민사회 영역의 노력과 촉구에 의한 성과인 점도 인정되어야 할 것이다.[20]

이 중에서도 더 도드라지는 것이 있다면 법을 기반으로 하는 활동의 증가일 것이다. 민주화 이후 사법제도가 정상화되었고, 법치주의가 강화되면서, 법에 의한 사회문제 해결의 길이 열렸 다. 사법은 다수결과 힘의 논리, 관료주의가 작용하는 의회나 행 정보다 약자와 공익을 보호할 수 있는 여지를 가지고 있었다. 뿐 만 아니라 독재정권하에서 횡행했던 불법과 편법을 시정해야 할 필요성도 상존했다.

한편, 1990년 당시 노동부 장관이었던 최병렬의 "노동운동 의 준법 질서를 확립하기 위한 대책의 하나로 노조 쪽의 불법쟁 의 행위로 인한 손해에 대해서 민사상 손해배상 청구 소송을 적 극 활용하라"[21]는 지침 이후, 노조에 대한 손해배상과 가압류가 기업의 새로운 대응 방식으로 등장했다. 특히 기업은 97년 노동

---

**20** 박은정, 〈"정치의 사법화(司法化)"와 민주주의〉, 《서울대학교 법학》 제51권 제1호, 서울 대학교 법학연구소, 2010, 21쪽.
**21** 〈국민일보〉, "경제 히스토리: 파업 손배소 '초강력 카드' 뒤엔 90년 최병렬 지침 있었 다", 김지방 기자, 2016.10.27.

법 개정 이후 더 쉬워진 손배소와 가압류를 남발했고, 2003년 두산중공업의 노동자였던 고(故) 배달호 씨의 분신자살을 포함하여 수많은 노동자들을 경제적 파탄과 자살로 내몰았다. 손배소는 이후 국가와 기업 등이 노조의 파업뿐만 아니라 시민운동 단체와 활동가에 대해서도 휘두르는 전가의 보도가 되었다. 법률가의 조언과 법적 대응의 필요성은 더욱더 커질 수밖에 없었다.

최근 시민사회의 조직적 기반이 약화되고, 대중이 NGO 등의 대리인이 아니라 좀더 직접적인 참여를 선호하게 되었다. 또한 하나의 사안에 복수의 소송과 각종 행정심판을 동반하는 식으로 복잡성이 증대했다. 따라서 법을 기반으로 하는 활동의 중요성은 더 커졌다. 하지만 이 전문화 과정에서 시민사회운동은 전문가를 제외한 일반 시민들의 참여가 지극히 제한적일 수밖에 없는 방식으로 재조정되었다. 후원, 자원봉사, 집회/행사 참여와 같은 몇몇 방식을 제외하면 복잡한 법적 절차와 전문적인 내용을 따라잡기도, 참여하기도 어렵게 되었기 때문이다.

자연스럽게 시민사회운동 진영은 대중적 기반보다는 의회, 정부, 학계, 언론과 같은 전문기관들과의 협업을 통해 사안에 대응하는 일이 많아졌다. 만성적인 인력과 자원의 부족은 대중과 새로운 유입자들을 충분히 교육하는 것을 어렵게 만들었다. 한국 사회가 시민사회에 부여하고 있는 과중한 사명들 역시 운동이 효율을 중시하지 않으면 안 되도록 만들었다.

물론 어떤 방식이 더 실질적인 결과들을 이끌어내는지, 또 사회운동이 반드시 대중 지향적이어야 할 필요가 있는지에 대해서는 더 자세한 논의가 필요할 것이다. 그러나 적어도 오늘날의 사회운동의 방향성이 창발적 주체들의 열망을 잘 떠안을 수 있는지에 대해서는 의문을 가질 수밖에 없다.

## 민주화와 86스타일

어떤 방향으로의 변화가 새로운 주체들과의 괴리를 만들어냈다면, 어떤 것은 변하지 않았기 때문에 새로운 주체들로부터 외면을 받고 있다. 현재 시민사회와 사회운동을 이끌어나가는 이들의 대다수는 1987년 이전 민주화 운동 과정에 참여했거나 그것의 직접적인 유산을 물려받을 수 있었던 후속 세대들이다. 이들이 민주화운동을 거치며 체득했던 관계 맺기의 방식과 일에 있어서 책임과 권한을 분배하는 방식은 이후의 세대와 구분되는 하나의 스타일을 이루고 있다.

운동권 문화 내의 권위주의와 폭력적인 의사소통 방식은 이미 많은 이들이 지적해왔다. 민주화 이후 세대, 특히 오늘날의 청년세대가 갖는 문화적·정서적 거리감의 상당 부분이 여기에서 기인한다. 옳음을 독점하여 가르치려 들고, 청년세대가 충분히 급진적이지 못하다는 '꼰대질'을 하며, 민주주의는커녕 노동 착취와 갑질의 주체인 (3)86세대라는 캐리커처는 청년세대의 생활 경험 속에서 점점 더 선명해져왔다.

그중에서 제일 심각한 것은 다름 아닌 시민사회운동 내부에서 벌어지는 노동 착취, 부당 해고, 갑질, 성폭력과 같은 문제들이다. 이 문제들은 일일이 열거하기 어려울 만큼 반복되어왔으며, 열악한 조건들을 감수하고 신념과 의미를 좇은 이들에게 치명적인 상처를 안겨주었다. 그 자체로 전체 판의 도덕성과 정당성을 깎아먹는 행위임은 두말할 것도 없다. 자신에 대한 문제 제기를 해당 진영 전체에 대한 문제 제기로 슬쩍 치환하고, 문제 제기한 사람의 행실과 신념을 걸고넘어지며 자신의 안녕을 도모하는 악질적인 행태도 여러 번 있었다.

이 문제에 있어서는 이미 세대 간의 냉소가 다소 팽배하게 퍼져 있다. 가령 청년세대가 '개저씨'보다 더 맹렬하게 비난하는 것은 다름 아닌 '진보 개저씨'다. 행동 자체는 다른 개저씨들과 다를 바 없지만, 그것을 대의로 포장하는 위선까지 겸하고 있기 때문이다. 하지만 인구수로나 사회·경제적 지위에서나 압도적인 우위를 차지하고 있는 86세대는 이런 청년세대의 불만을 들어주어야 할 이유도, 다르게 행동할 만한 압박도 느끼지 못하고 있다.

결국 같은 광장에 서 있다고 해도 피어나는 동지애 같은 것은 거의 없다. 술에 거나하게 취해 왕년 생각에 목청이 터져라 구호를 외치고 노래를 부르는 아저씨들을 곁눈질로 바라보며 지나쳐 가는 청년들이 있을 뿐이다.

## 투쟁으로 내쳐진 삶: 누구의 투쟁인가?

2002년 촛불, 2004년 촛불, 2008년 촛불, 2016년 촛불, KTX 여승무원, 대추리, 용산 참사, 쌍용자동차, 한진중공업, 유성기업, 콜트콜텍, 갑을오토텍, 언론 장악, OBS, 홈에버, 삼성반도체, 케이블 비정규직, 티브로드, 재벌 개혁, 홈에버, 두리반, 카페 마리, 테이크아웃드로잉, 우장창창, 아현동 포차골목, 양평 두물머리, 슬럿워크, 설악산 케이블카, 4대강, 새만금, 동희오토, 세종호텔, 한미FTA, 현기차 비정규직, 청소 노동자, 다산콜센터, 메갈리아, 강남역 10번 출구, 생탁, CNM, 구의역 사고, 세월호, 가습기 살균제, 두산중공업, 기륭전자, SJM, 그린비, 자음과모음, 형제복지원, 재능교육, 국회 인턴, 디자이너 이상봉, 열정페이, 도미노피자, 맥도날드, CU, 남양유업, 이랜드, CGV, 철도파업, 강정, 밀양, 장애인 이동권, 부양의무제 폐지, 하이디스, 동양시멘트, 코오롱, 풀무원, 국립오페라단, 학교 비정규직, 한남운수, 이화여대, 중앙대, 상지대, 부산대, 성신여대, 대학교 시간강사, 퀴어 퍼레이드, 이주 노동자, 동성혼 합법화, 블랙리스트, 차별금지법, 백남기 농민 사망 사건, 최저임금 만 원, 청년실업, 메르스······.

우리들의 21세기에 싸움의 이유가 부족한 적은 없었다. 많은 경우 사람들은 준비된 투사가 아니라 어느 날 갑자기 싸움의 한복판에 내던져진 이들이었다. 하루아침에 사라져버린 삶을 되찾기 위해, 사람들은 집과 일터가 아니라 길바닥으로, 크레인으로, 굴뚝으로, 광고탑으로 가야 했다. 최저시급도 못 받는 알바부터, 국가와 대기업의 전횡에 이르기까지 대한민국은 참으로 꼼꼼하게 사람들을 착취하고 괴롭히는 것으로 나라의 꼴을 유지하고 있었던 것이다.

지금까지의 이야기는 이렇다. 우리는 수많은 불만과 불안들, 그리고 상황 속에서 새로운 투쟁의 주체들이 나타나는 것을 목격하게 된다. 하지만 이들은 그 이전에 자신보다 먼저 싸워왔던 이들이 있다는 사실을 대체로 모르고, 따라서 똑같은 시행착오와 딜레마에 봉착하여 이내 사라지곤 한다. 새로운 주체들의 열망을 받아안을 필요가 절실한 기존의 운동 진영은 여러 가지 배경과 압박 속에서 전문화와 사법화의 길을 걸었고, 이미 사라져가던 운동의 대중적 기반을 재구성할 수 없었다. 민주화 운동 세대 특유의 관계 맺음의 방식과 스타일은 후속 세대의 큰 반감을 사고 있으며, 이는 새로운 주체들이 기존의 운동에 정서적·문화적 거리감을 갖는 큰 원인이다. 나아가 오늘날 기득권 세력이 된 과거의 민주화 세력은 스스로를 성찰하고 반성하는 데 그다지 열성적이지 않다.

열거된 투쟁들 중 어떤 것들은 무사히 해결되었고, 어떤 것은 결코 해결될 수 없는 상황에 빠졌으며, 어떤 것들은 사람들의 관심과 지원을 받았고, 어떤 것들은 알려지지 못했다. 수많은 사람들이 상처받고, 심지어 목숨을 잃었지만 한국 사회는 여전히 더 많은 피를 원하고 있다. 왜 우리들에게 여전히 투쟁이 필요한지에 대해서 이 이상 웅변적인 근거는 없을 것이다. 법이란 정확한 방법으로 불러내기 전까지는 나타나지 않는 수동적인 것이다. '제도 정치'란 그럴듯한 그림이 있거나 힘이 있지 않으면 여전히 멀리 있는 이해타산적인 것이다. 단지 사람이 있다는 이유 하나로 그곳에 존재할 수 있는 것은 사회운동과 투쟁뿐이다.

하지만 우리가 매우 불완전한 이 투쟁의 목록들 앞에서 느끼는 당혹감은 무엇일까? 왜 하나의 승리는 다른 것들의 승리를 견인하지 못했는가? 왜 하나의 실패는 다른 것의 교훈이 되지 못했는가? 이 목록을 바라보는 우리에게 이 승리와 패배는 어떤 의미일까? 우리는 승리자들에게 축하의 인사를 보내고 아파하는 이들에게 동정심을 품을 수 있지만, 그것을 나의 일로, 혹은 우리의 일로 만드는 데에는 아직 성공하지 못한 것이 아닐까? 무엇보다 이렇게나 많은 이름들이 존재하고 있다는 것, 그리고

그것이 모두 각자의 몫의 싸움이라는 사실에 우리 모두 체념적
동의를 하고 있다는 것은 무엇을 의미할까?

노동절에 즈음하여, 압도적인 비율로 비정규직노조를 금속노
조 기아자동차 지부에서 제외하기로 결정한 기아자동차 정규직
노조의 소식이 들려왔다.[22] 그 선택의 배경이 무엇이든 간에, 그
것은 힘겹게 이어져왔던 노동조합의 역사에 치명적인 오점으로
남게 될 것임이 분명하다. 게다가 이 선택은 바로 옆에서 함께
일하고 있는 사람들을 같은 노동자가 아닌 유령으로 만들었다.
매일 얼굴을 마주 보고 함께 일하지만 서로의 눈을 외면하며 지
내게 될 시간들의 서늘함을, 동료가 아니라 투명한 존재로 대우
받게 될 비정규직들의 상처를 어떻게 다 헤아릴 수 있을까. 게다
가 이 선택은 앞으로의 투쟁들에게는 새로운 조건이 될 것이다.
다시 말해 앞으로의 투쟁이 좀더 코너에 몰린 채로, 더더욱 고립
된 상태로 시작하게 됨을 의미한다.

## 나―들의 투쟁

나는 세상을 살아가는 데에 기본이 되는 것은 개인이고, 한국

---

**22** 2017년 04월 전국금속노동조합 기아자동차지부는 총회를 열고 비정규직 조합원들의
노조원 자격을 박탈했다. 비정규직노조는 별도의 지부를 결성했고, 기존 노조에 가입하지
못했던 이주 노동자, 해고자, 2·3차 하청 노동자의 가입을 허용했다.

사회는 이 개인이 좀더 보호받고 부각될 수 있어야 한다는 것에 동의한다. 하지만 오늘날 우리가 살아가면서 겪게 될 싸움들이 단순히 운의 좋고 나쁨의 문제가 아니며, 개인으로서는 반드시 패배할 수밖에 없다는 현실도 수긍한다. 이 두 개의 판단이 화해하지 못한다면 우리는 계통 발생과 소멸을 반복하며 똑같은 딜레마의 언저리에 쌓여가는 폐허들만을 보게 될 것이다.

먼저 싸웠던 이들이 이끌되 교조적인 태도를 버릴 수 있다면, 나중에 나타난 이들이 당당하되 앞선 경험의 가치를 무시하지 않는다면 우리는 아마도 향후 5년을 포함하여 계속될 투쟁 길의 항해도 하나쯤은 얻을 수 있게 될지도 모른다. 물론 이것이 말처럼 쉬운 일이 아니라는 것을 안다. 이것이 가능하려면 양쪽 모두의 커다란 인내와 꺾이지 않는 의지가 필요하다. 무엇보다도 그것을 이끌어낼 서로 간의 믿음이 필요하다.

이 꺼져가는 믿음을 다시 되살려놓을 방법이 무엇인지에 대해서는 할 수 있는 말이 별로 없다. 함께 전선에 서 있는 이들이 서로를 더 이해하려고 노력하고, 서로 간의 불의에 눈감지 않으면서도, 그 불의를 단순히 내 눈앞에서 치우고 결백해지는 것이 아니라 공통의 교훈으로 만들어낼 수 있다면 조금이나마 쌓이지 않을까, 하는 생각 정도만 존재한다.

마지막으로 할 수 있는 말은 시도해볼 기회는 얼마든지 있을 것이라는 확언이다. 삶은 언제고 우리를 그것을 지키기 위한 아이러니한 장소에 떨어뜨려놓을 것이기 때문이다.

* 〈자음과 모음〉 2017 여름호 33호

# 희생자의
# 자리

#백도라지 #백남기_사망진단서

**2017. 06. 15. 서울대 병원, 고 백남기 사망 사유를 '병사'에서 '외인사'로 수정하고 공식적으로 유족에게 사과하다.**

⊙------- 나에게는 '나물'이라는 닉네임이 더 익숙한 백도라지 씨는 모두가 알고 있듯 고 백남기 님의 자녀다. 백도라지 씨는 공권력이 국민을 살해한 국가 폭력에 대항하여, 그 누구보다도 의연하게 싸워왔다. 당연히 찾아왔을 고통과 혼란 속에서도 그는 언제나 올바른 판단을 하려고 노력했고, 그가 보여준 단단함과 품위에 많은 사람들이 힘을 얻었다.

하지만 지금부터 할 이야기는 백도라지 씨가 훌륭한 사람인지와 아무런 상관이 없다. 오늘의 이야기는 꽤나 오래전부터, 그리고 지금은 더 노골적으로 쏟아지고 있는 백도라지 씨에 대한 폭언과 욕설들에 대한 것이다. 백남기 님의 사망 사건부터 시작해서 끊임없이 음모론을 제기하고, 사태를 왜곡, 조작, 은폐하려고 했던 이들에게 백도라지 씨는 눈엣가시 같은 존재였다. 그래서 그들은 유족들이 치료를 방해해 일부러 백남기 님을 사망에 이르게 했다는 막장 소설까지 써가며 백도라지 씨를 헐뜯었다. 한편 촛불시민이자, 현 정권의 열성적인 지지자 일부에게는 자신들이 백남기 님을 위해 노력(?)했는데도 불구하고 현 정권과 자신들의 정치적 입장을 열성적으로 지지하지 않는 배은망덕한 존재다. 최근 백남기 님의 의학적 사망진단이 변경된 것을 두고도, 그것이 정권 교체의 효과인데 고마워하지 않는다는 식의 말들이 오갔는가 하면, 안경환 전 법무부 장관 후보자에 대해 부정적인 의견을 피력했다는 이유로 고인을 동원한 패륜적 욕설을 퍼붓는 이들도 있었다.

표면적인 정치 성향으로는 양극단인 사람들이지만, 백도라지 씨를 비난할 때만큼은 공유하는 코드들이 상당히 많다. 먼저 도라지 씨는 이들에게 일반적인 유가족이 아니다. 악의적인 왜곡에는 맞서 싸우고, 헛소리를 하는 이들은 '지지자'라고 해도 그냥 넘기지 않았다. 자기들이 생각하기에 무슨 이야기를 하든 무기력하게 울고만 있어야 하는 유가족이 능동적이고 주체적으로 움직이는 것이 이 두 집단 모두의 마음에 들지 않았다. 그리고 더 결정적인 것은 도라지 씨가 페미니스트라는 것이다. 그의 SNS 프로필 사진에는 성소수자를 지지하는 무지개가 걸려 있고, 여성혐오 이슈가 터질 때마다 적극적으로 의견을 표출해왔다. 어느 누리꾼의 말처럼 이제는 본인이 여성혐오자라는 걸 인증하는 것 말고는 아무런 기능을 하지 않는 '메갈하니?'라는 질문을 여전히 금과옥조로 여기는 이들이 보았을 때, 도라지 씨는 성소수자와 이미 사라진 지 오래인 메갈리아의 지령을 받고 보수 세력 혹은 문재인 정부를 공격하는 행동 대장 같은 존재다. 결국 전형적인 피해자다움, 가부장제 속 여자, 딸, 아내다움을 벗어난 것처럼 보인다는 것이 이 '양극단'이 공유하는 비난의 근거인 셈이다.

그런데 이들의 공통점은 이뿐만이 아니다. 이들이 이런 비난으로 얻고자 하는 정치적인 목표 또한 같은데, 그것은 피해자·희생자에게서 입장과 발언권을 박탈하는 것이다. 한쪽에서는 자신들의 허물과 과오를 증언하는 피해자들의 입을 다물게 하는 것이 정치적 이익과 직결된다. 다른 한쪽에선 피해자들의 피해와 아픔을 자신의 주장에 꿰맞추는 것이 정치적 이익이 된다. 그래서 스스로 생각하고 발언하고 입장을 갖는 피해자는 양쪽 모두의 공격 대상이다.

자신의 목적을 위해 타인의 고통을 착취하려는 이 사디스틱한 욕망은, 한편으로는 사회적 약자들에 대한 전인적 착취로 자신들의 권력을 유지하는 비열한 기득권과, 한편으로는 희생자나 피해자쯤 되지 않고서는 별다른 영향력을 행사할 수 없는 범상한 이들의 울분이 만들어낸 정치적 살풍경의 반영일 것이다.

그러나 어떤 대의와 명분을 내세우건 간에 이런 행위는 정의와는 가장 멀리 떨어져 있으며, 대의를 안에서부터 무너뜨리는 폭탄이 될 것이다. 정말로 힘을 원한다면, 우리 안에 도사린 작은 착취자부터 죽여야 한다.

＊〈경향신문〉 2017.06.23.

# 속 '남자 마음 설명서'
# 가부장제 편

#탁현민 #가부장제

2017.05.22. 한국여성단체협의회, 청와대 행정관 탁현민의 저서 《남자 마음 설명서》에 나타난 여성혐오를 지적하고 사퇴를 촉구하다.

◉ - - - - - - -　탁현민 청와대 행정관의 저서 《남자 마음 설명서》에 드러난 다채로운 여성혐오 관점에 대하여 문제가 제기된 지도 꽤 시간이 흘렀다. 그를 옹호하는 사람들은 이 문제를 지나가는 바람 정도로 여기는 것 같지만, 페미니스트들은 괜한 사람이나 괴롭히고 있을 만큼 한가하지 않다.

한국 여성들은 이미 '촛불' 이전부터 이 국가가 여성을 온전한 구성원으로 여기고 있는지 의문을 품어왔다. 이 물음은 정권이 바뀐 지금까지도 여전히 계속된다. 청와대 의전비서관실에서 근무하는 행정관은 명실공히 공인이다. 대선 기간 가장 뜨거웠던 스캔들 중 하나가 다름 아닌 홍준표 후보의 '약물 강간 미수 사건' 회고였음을 떠올려본다면, 이것은 충분히 공적으로 해결되어야 하는 일이다. 이 사건에서 더 큰 웃음이나 음악으로 보답할 길 같은 것은 없다. 납득할 만한 해명과 조치가 있거나, 그가 더 이상 공인이 아니게 되는 길이 있을 뿐이다.

어쨌거나 나도 모르게 설명당해버린 마음의 억울함도 달랠 겸, 나 역시 다른 버전으로 남자 마음의 설명을 시도해보려 한다. 《남자 마음 설명서》의 표지에는 "남자들이 좋아하는 여자는 따로 있다!"라는 문구가 적혀 있다. 그럼 선각자를 따라 이렇게 이야기해보자. "남자들이 두려워하는 여자는 따로 있다!" 누구인가? 주체적으로 판단하고 욕망하고 일하고 말하고 쓰면서, 나에게는 관심 없는 여자. 다름 아닌 온전한 인간으로서 살아가는 여자다.

오늘날 가부장제의 기능은 바로 여성 주체를 끊임없이 방해하는 일이다. 사회제도·법·관습·지식·문화 등 사회 전반에 암약하면서, 여성들을 종속적이고 부차적인 위치에 잡아두려 한다. 그것은 때로 물리적인 폭력이기도 하고, 세련되고 문명화된 투명한 장벽이기도 하다. 여성의 삶을 끊임없이 생물학적 성별로 환원하고, 그 성별을 궁극적인 제한이자 천형으로 여기도록 하려는 장치들의 총합이다.

많은 경우 가부장제는 남자에게 문제로 인식되지 않는다. 남성 개개인은 가부장제의 창조자나 담지자가 아니다. 다만 가부장제가 남성 일반에게 선사하는 유리한 조건들을 당연하게 여길 뿐이다. 여기에 더해 가부장제하의 남성은 여성을 보상이나 전리품으로 인식하도록 교육받는다. 삶에서 특정한 수준의 성취를 해낸다면, 그 성취에 맞는 여성이 자연스럽게 주어질 것이라는 식이다. 이런 인식은 여러 가지 효과를 낳는다.

무엇보다도 여성이라는 생물학적·사회적 존재에 대한 무지를 이어나가는 것을 용인한다. 여성을 외모라는 '기준'과 성교와 돌봄이라는 두 가지 '기능'으로 단순화하여 그에 대한 집단적 환상을 갖게 한다. 상대 여성의 환심을 사고 마음을 얻는 과정이 증발하고 모종의 빚쟁이 같은 마음이 관계의 기본이 된다.

하지만 환상은 사회에 발을 딛자마자 깨진다. 여성은 그 어느 때보다도 강력한 경쟁자로 나타난다. 더 많은 제약과 악조건에도 남성에게 절대 뒤지지 않는다. 남자들은 당황한다. 가부장제의 온실 속에서 곱게 자라난 남성성이 감당하기에 오늘날의 세태는 너무 거세다. 뭐가 문제인지 고민하던 이들이 얻은 답변은 가히 최악의 것이다. 여자들이 문제다. 세계는 여성혐오 같은 거 하나도 없고, 평화롭고, 정상적인데, 여자들이 잘못된 페미니즘에 경도되어 남자를 혐오하는 게 문제라는 얘기다. 어느 네티즌은 이 자가당착을 한 문장으로 요약했다. "세상에 여혐이 어딨어? 여혐이라고 하면 죽여버린다!?"

이 작고 깨지기 쉬운 남자의 마음을 단련시켜야 한다. 정 어렵다면 하루에 세 번씩 외쳐보자. "여자도 사람이다." 이 문장을 있

224

는 그대로 받아들이는 것이 모든 일의 시작이다.

＊〈시사IN〉 2017.06.29.

# 성적 자유주의가
# 상업주의를 만났을 때

#X세대 #성_담론

**2017.07.31. 탁현민, 〈여성신문〉을 명예훼손으로 고소하다.**

⊙------- 탁현민 행정관은 지금 억울할까. 너무 많은 이들로부터 자신의 삶을 부정당한다고 느끼고 있을지도 모른다. 하지만 바꿔서 생각해보면 어떨까?

여성가족부 장관·국회의원·언론·여성단체·일반인 등 수많은 사람이 문제를 제기하고 있는데도 대통령은 그의 해임을 요구하는 야당 대표의 발언에 입을 다물었다. 그가 그토록 대체 불가능한 '출중한 능력'을 가졌는지는 알 길이 없다.

이와 별개로 나는 그가 기반하고 있는 것으로 보이는 어떤 감각의 체제에 관심이 있다. '1970년대생 (문화)행사 기획자'라는 직함은 한 시대를 보여주는 표본이나 마찬가지다. 이들은 최근 몇 년간 tvN '응답하라' 시리즈나 〈무한도전〉 '토토가' 등을 통해서 소환되었던 1990년대, 바로 그 1990년대의 주인공이었던 X세대다.

1990년대를 회고하는 방식은 매우 다양하다. 애초에 시대 자체가 새로운 것에 매달리다시피 했으니 별 수 없는 일이기도 하다. 1997년 외환 위기로 '잔치'가 강제 종료당하기 전까지, 사람들은 1980년대의 중압감을 벗어버릴 수 있다면 어떤 것도 마다하지 않는 듯했다. 비록 그것이 무엇이었으며 무엇이어야 했는지에 대해서는 이견이 있을지언정, 1987년 민주화 이후의 공백을 채운 것이 밑도 끝도 없는 '문화'였다는 것은 당시에도, 또 지금도 많은 이들이 증언하고 있다. 이 새로운 시대에 번성했던 것 중 하나가 바로 성(性) 담론이다. 성에 대한 이야기는 대중문화에서부터 사회운동의 차원에 이르기까지 광범위하게 포진되어 있었다. 1990년대를 대표하는 문화적 전략인 '파격'은 성의 영역에서 매우 활발하게 이루어졌다. 일부는 동성애자 인권 운동이나 새로운 페미니즘 운동 같은 방식으로 나타났지만, 대중적 관심사가 쏠리는 곳은 역시 '섹스' 그 자체였다. 그중에서도 가장 세가 컸던 것은 성적 자유주의자들이었다. 이들은 성적 엄숙주의와 그에 동반되는 위선을 맹비난하며, 직설적이고 즉물적인 욕망을 옹호했다. 즉 이들은 독재로부터의 해방과 이어진 성 해방을 주장했다.

물론 성 해방은 인간의 자유가 증대되는 데 매우 중요한 사건이다. 권력이 성적 억압과 허용을 어떻게 이용해왔는지에 대한 역사적 사례도 많이 찾아볼 수 있다. 문제는 해방의 내용이다. 특히 '탁현민류'의 자유주의는 자신들의 욕망이 어떤 방식으로 생성되어 있고, 어떤 사회적 관계 속에서 (불)가능한지 고민하지 않는다. 단지 지금 내 머릿속에 떠오르는 것이 진정한 욕망이며, 성욕의 원초적이고 보편적인 형태라고 단언한다.

여기에 그 내밀한 이야기들을 활자로 찍어낼 수 있었던 것은, 조야한 성적 자유주의가 상업주의와 훌륭한 조화를 이루었기 때문이다. 아마도 이것의 가장 큰 성공 사례는 가수 싸이의 작업들일 것이다. 그는 시종일관 조신한 척하고 근엄한 척하는 이들을 조롱하며 성적 자유를 옹호해왔다. 그의 노래에는 언제나 여성혐오가 깔려 있는데, 이는 그가 늘 조롱하는 성에 소극적이거나 그런 '척'하는 여성들이 처한 상황에는 관심이 없기 때문이다. 여성들의 '쿨'하지 못함을 비난하지만, 그들이 막상 쿨하게 행동했을 때 겪는 부당함에는 관심이 없는 편리한 자유다.

그것이 얼마나 조야한 것이든 자유라고 이름 붙인 모든 것을 다 끌어다 써야 하는 시기도 있다. 모든 역할에는 유효한 기간이 있고, 이 조야한 자유는 이제 용도 폐기해야 할 때가 되었다. 더 이상 X는 필요 없다.

＊ 〈시사IN〉 2017.08.14.

# 우리에게는
# 래디컬이 필요하다

⊙------- 　래디컬(Radical)은 한국어에서 '급진적인' 혹은 '근본적인'으로 번역된다. 이 풀이에는 다소 의아한 구석이 있다. 급진적이라는 것은 차근차근 단계를 밟아나가기보다는 순식간에 도약한다는 의미다. 반면 근본적이라는 것은 가장 기저에 있는 것을 향해 지독스럽게 파고든다는 의미다. 하나는 도약하고 하나는 파고든다. 어째서 둘이 같은 단어의 뜻풀이인 걸까.

　래디컬이라는 단어의 어원은 뿌리(root)다. 줄기나 이파리나 열매가 아니라 뿌리 그 자체를 문제 삼는 것이 래디컬이라는 개념이 가지고 있는 본래의 뜻이다. 뿌리는 대체로 땅속에 숨어있기 때문에 보이지 않는다. 하지만 그것이 존재하지 않으면 그 위에 있는 모든 것들이 성립 불가능하다. 게다가 뿌리가 상하거나 뽑히게 되면 모든 것이 무너진다. 그렇기에 많은 경우 뿌리는 당연한 것으로, 또 함부로 건드려서는 안 되는 것으로 여겨지며 성역화되기 마련이다.

그런데 가끔 그 뿌리에 의문을 제기하는 이들이 등장한다. 왜 같은 인간임에도 태어날 때부터 정해진 신분 속에서 살아야 하는지, 왜 누군가는 한없이 부유해지고 누군가는 계속해서 굶주리는지, 단지 성별이나 피부색, 성적 지향이 다르다는 이유로 한 쪽이 다른 한쪽에게 종속되어 살아야 하는지. 문명이 시작된 이후로도 거의 대부분의 시간 동안 당연하다고 여겨졌던 수많은 것들에 대하여 '왜?'라고 묻기 시작했다.

래디컬은 이 의문에 답변을 하려는 시도다. 래디컬은 세계가 드리우고 있는 뿌리가 지배자들의 탐욕과 그것을 위해 자의적으로 조작된 세계관에서 시작된 것임을 폭로한다. 래디컬은 세상과 삶이 꼭 이런 모습이어야만 하는 것이 아니며, 얼마든지 다른 모습일 수 있다고 주장한다. 뿌리를 건드렸을 때 그 위에 있는 것들도 커다란 변화를 필수적으로 동반하게 된다. 그러므로 근본과 급진은 결코 다른 것이 아니며 결국 만날 수밖에 없는 무엇이다.

역사적으로 래디컬은 사상, 철학, 운동, 혁명의 모습으로 존재했다. 그리고 그것들은 언제나 세상의 다수들에게 과격하고, 시기상조이며, 허황된 것으로 취급받았다. 하지만 우연과 필연이

겹쳐 만들어낸 역사의 흐름 속에서 래디컬은 셀 수 없는 실패를 반복하면서도 간헐적인 승리를 이룩했으며, 그보다 더 중요한 질문들을 남겨두었다. 현실사회주의가 끝나고 자본주의가 세계의 유일무이한 질서였으며, 질서이고, 질서일 것처럼 여겨지는 오늘날에도 이 질문들은 여전히 순간순간 드러나는 위기와 균열들의 틈에서 불온한 싹을 틔울 준비를 하고 있다.

한편에서는 래디컬을 철 지난 옛 노래로 치부한다. 다른 한편에서는 단지 그것의 과격성만을 답습하며 래디컬의 상징성을 기만적으로 취하려 한다. 전자는 여전히 세계에 만연한 고통과 모순의 존재를 외면한다. 후자는 래디컬이 던져야 할 근본적인 질문은 외면한 채, 과격성에서 오는 카타르시스와 나르시시즘에 취한다.

당연하게도 래디컬의 영역에 속하는 많은 생각과 표현들이 급진적이고도 격렬하다. 때로는 잘못된 판단으로 엄청난 희생을 불러오기도 했으며, 교조주의에 빠지기도 하고, 래디컬의 이름을 걸고 벌인 일임에도 파시스트의 난동과 다를 바 없는 사건들도 있었다. 하지만 래디컬을 옹호하기 위해서 이 모든 것을 긍정해야 할 이유는 없다. 그것이 어느 쪽에 있는 것이든 존재하는 모순에 타협하지 않는 것이야말로 래디컬의 정신이다. 과거의 실패와 과오들은 오늘날의 성찰과 학습의 대상이어야 한다.

우리에겐 여전히 래디컬이 필요하다. 타협하지 않되 현실을 직시하는, 교조주의에 빠지지 않으면서도 역사로부터 교훈을 얻는, 들뜨지 않으면서도 다른 세계가 가능할 것이라는 고요한 희망을 놓지 않는 근본적이고 급진적인 무언가가.

＊〈경향신문〉2017.08.18.

# 기울어진
# 광장을 거닐며

⊙------- 오랜만에 광화문 광장을 지나게 되었다. 촛불을 들고 서 있던 때가 벌써 아득하다. 집회를 위한 무대를 철거하고 나니 그야말로 광장이다. 뒤로는 광화문과 북악산이 보이고, 양옆과 정면에는 빌딩들이 담처럼 늘어서 있다. 간간이 차양막이 있지만 여름의 햇빛이 쏟아져 내리면 별다른 도리 없이 온몸으로 받아내야 하는 평평하고 넓은 땅이다.

이 광장을 만든 것은 오세훈 전 서울시장으로, 당시에는 꽤나 논란이 있었다. 교통량이 많은 도심 한복판의 도로를 광장으로 만든다는 발상도 그랬고, 그늘이나 별다른 시설물이 없는 헛헛한 설계도 그랬고, 교묘하게 집회나 시위를 어렵게 만들어놓은 것 같은 공간 배분도 그랬다. 그러나 서울시가 벌여왔던 공간 조성 사업들이 대체로 그러하듯, 시민들은 어느새 이 공간을 일상 속에서 받아들이게 되었다. 실은 별 수 없는 일이다. 모든 공간에 소유자가 있고 값이 매겨져 있는 시대에 누가 도심 한복판에 생겨난 공유지를 거부할 수 있겠는가.

광장이 만들어진 2009년만 해도, 사람들이 이 광장을 가득 메우고 정권 퇴진을 외칠 것이라는 생각을 하기는 힘들었다. 2008년 촛불 이후에 찾아온 급작스러운 고요함과, 노무현 전 대통령의 죽음이 짙은 좌절감을 자아내고 있었기 때문이다. 하지만 2016년에 다시 시작된 촛불은 결국 승리했다. 이 승리는 이제 특별히 이견을 갖기 어려운 역사적 사실이 되었다.

그날 내가 지나간 경로는 광장의 북쪽 끝에서 남쪽 끝까지 가로지르는 길이었다. 약속 시간에 늦어서 서두르고 있었는데, 당장 초입에서부터 걸음을 늦출 수밖에 없었다. 흩날리는 전교조의 깃발 아래에서, 조합원으로 보이는 이들이 광장 남쪽을 향해 절을 하고 있었다. 이들은 전교조의 (재)합법화, 교원평가제 폐지 등등을 기원하며 기도를 하듯 광장의 텅 빈 곳으로 계속 절을 올렸다.

그 옆 인도에는 장기 투쟁 사업장들의 농성 천막이 있었다. 문재인 정부의 반부패비서관과 그 휘하의 선임행정관이 과거에 변호했던 갑을오토텍의 이름이 보인다. 사측의 가공할 노조 파괴 공작과 직장 폐쇄에 맞서 싸워온 노동자들의 천막이 있었다.

바로 곁에는 3800일 가까이 이어지고 있는 콜트·콜텍 해고 노동자들의 천막도 있었다. "예전에는 찍소리도 못하다가 현 정권이 만만해서 그런다"는 말들이 머릿속을 스치고 지나갔다. 소리 내어 헤아리기조차 버거운 그 시간 동안 길 위에서 느꼈을 고독함이 가슴을 짓누르는 듯했다. 결국 시간을 핑계 삼아 발걸음을 서둘렀다.

세종대왕 동상이 농성장으로부터 등을 돌리고 앉아 있는 곳즈음에 다다르자, 별안간 축제 분위기다. 하늘색으로 칠한 광화문1번가 건물이 있는가 했더니, 건너편 역사박물관은 그에 호응하듯 "민民이 주主인 되다"라고 적힌 거대한 전시 홍보용 현수막을 걸어놓고 있었다. 문재인 정부가 강조하는 "나라다운 나라"에서는 아까 만났던 이들도 주인이 될 수 있을까? 아니면 예전에도 그랬듯이 국민의 바깥쪽 어딘가에 있는 불청객으로 남게 될까? 국가를 불법과 불의로 농락했던 권력자들을 끌어내린 국민들은 왜 나라가 만만해지는 것을 걱정하고 화를 내게 되었을까?

여름을 맞이해 뿜어져 나오는 분수 물줄기에 뛰어든 아이들이 가득한 이순신 장군 동상 앞을 지나, 광장의 남쪽 끝에 있는 세월호 분향소에 다다랐다. 그날 노란 리본 옆에는 실종된 스텔라데이지호의 선원들의 무사 생환을 비는 주황 리본과 구조를 요청하는 절박한 메시지들이 함께 있었다. 누군가의 소중하고 절박하고 사무치게 그리운 얼굴들이 보였다.

광장에서 보낸 십여 분 속에 쌓인 이야기들이 너무 길고도 길었다. 광장에서 나는 길을 잃을 것만 같았다.

＊〈경향신문〉 2017.07.21.

# 아무말 대잔치라는
# 말들의 폐허에서

**#아무말**

아무말은 때와 장소와 주제와 격에 맞지 않게 내뱉는 뜬금없는 이야기들이다.
언어를 통한 의사소통이 처해 있는 곤경을 잘 나타내주는 단어로, 뒤에 '대잔치'
를 붙여 함께 쓰는 경우가 많다.

◉------- 〈개그콘서트〉에 새로 생긴 코너 제목이 '아무말 대
잔치'라는 소식을 들었다. 이 단어를 즐겨 사용하던 몇몇 이들은
이제 작별을 고할 때가 되었다며 짜증 섞인 아쉬움을 표하기도
했다. 온라인에서 생겨난 단어, 개념, 유행이 주요 일간지와 지
상파 방송에 차용되는 속도가 점점 빨라진다. 점심시간에 SNS
에서 있었던 논란이 저녁 즈음이면 기사화되고, 예능 프로에서
는 속보 경쟁이라도 하듯 신조어를 받아들여 남발한다. 이쯤 되
니 〈개그콘서트〉는 차라리 느긋한 편에 속할 지경이다.

어쨌거나 '아무말 대잔치'는 그 제목만으로 이미 시대의 핵심
을 선취한 것으로 보인다. 내가 지난 일주일간 들어야 했던 '아
무말'만 떠올려 봐도, 대잔치를 넘어 프로리그를 출범해도 손색

이 없다. 상임위의 인사 청문회에서 지구 나이가 6000살이라고 믿고 있다는 장관 후보며, 동학농민운동이 "비폭력 평화 정권 교체"의 기원이라는 야당의 대표에다, 대법원장 후보자 인사청문회장에서 "성소수자 인정하면 근친상간·수간으로 비화"한다고 말하는 국회의원 등등. 여기에다 SNS를 타고 넘어오는 유명인과 일반인들의 아무말까지 더하면 내가 언어를 사용할 수 있다는 사실이 일종의 저주로 느껴질 정도다.

물론 공사를 막론하고 한국 사회의 언어가 무너지기 시작한 것은 어제오늘의 일이 아니다. 내가 말하는 무너짐은 맞춤법을 "파.괘."하는 것이라기보다는, 언어가 말 그대로 무의미해진다는 것에 가깝다.

명연설가로 이름난 고 노무현 전 대통령도 '좌파 신자유주의' 같은 기묘한 조어로 이 혼란의 서막을 열었고, 이명박 정부는 기존의 민주화와 사회운동의 가치를 멋대로 도용하여 본래의 뜻과 전혀 상관없는 말로 만들었다. 박근혜 정부는 침묵만도 못한 말들을 드문드문 내뱉다가 촛불의 심판을 받았다. 오죽하면 문재인 정부 출범 이후 대통령이 제대로 말을 한다는 사실을 국민들이 놀랍게 여겼을 정도다.

그러나 여전히 공적인 영역에서부터 무너져 내린 말들의 폐허는 점점 커져간다. 여성과 성소수자를 혐오하는 발언을 공공연하게 내뱉고, 가짜뉴스와 비이성적인 색깔론을 도배하는 정치인들은 그 행동에 대해 별다른 책임을 지지 않는다.

언론은 경영난을 탓하며 이 사태를 부채질하는 데 열중하고, 정치인들은 그런 언론에 자기 이름 한 줄을 내보내기 위해 기꺼이 저열함에 타협한다. 책임 있는 이들도 이렇게 행동하는데, 책임도 권한도 없는 이들이 품위를 지킬 이유는 딱히 없다.

논리들이 경합하고 당위가 맞서는 대신에, 모두가 소리 높여 자신의 이야기만 떠들어대는 방언 대결이 펼쳐진다. 비판과 분석이 무색해지는 동안, '일침'과 '사이다'라는 이름의 뻔한 얘기가 소음을 더한다.

이 아무말 대잔치를 끝내기 위해서는 국립국어원이 아니라 정치의 책임이 막중하다. 지킬 수 있는 말을 하고, 그것을 지켜내는 실천이 반복되어야 한다. 만에 하나 예기치 못한 일이 벌어졌다면 면피나 책임 미루기에 급급할 게 아니라 원인을 분석하고, 재발을 방지해야 한다. 국민들이 마땅히 들어야 하는 말을 건네고, 사회적 약자들을 보호해야 한다. 악의적인 말과 행동에는 책임이 뒤따라야 한다. 특히 힘 있는 이들일수록 그 책임은 더 커야 한다.

사실 중요한 것은 예측 가능한 뻔한 것들 사이에 있는지도 모른다. 필요한 '파격'은 이 뻔한 것들이 사람들에게 신뢰를 돌려줄 수 있다면, 저절로 솟아날 것이다. 외침과 울부짖음 사이 어딘가에 있는 말들도 의사소통을 위한 말들로 다듬어질 수 있을

것이다. 그러니 부디 정치는 아무 걱정 말고 본업에만 충실해주
길 바란다. 예능 정치의 조기 종영을 손 모아 기원한다.

＊〈경향신문〉 2017.09.15.

# 떠나지 않은 자
# 모두 유죄

## _ 여행도 스펙이 된 사회

#### #욜로 #YOLO

욜로(YOLO)는 You Only Live Once의 앞 글자를 딴 것으로 인생은 한 번뿐
이니 즐겨야 한다는 의미를 담고 있다. 미래를 위해 준비하며 즐거움을 유예하
기보다는 당장 가지고 있는 것들을 인생을 즐겁게 만드는 데 쓰라는 것이다. 몇
몇 언론에서 오늘날의 20대를 일컬어 '욜로족'이라고 호명을 한 바 있으나, 이는
청년 빈곤의 심화에 의한 미래 비용의 축소를 보지 못한 분석으로 빈축을 샀다.


⊙------- 　　　1987년 민주화에 이은 1989년 해외여행 자유화
와 함께 한국 사회의 여행이 시작되었다. 1990년 156만 명으로
시작된 한국인들의 해외여행은, 2016년 2238만 명으로 늘어났
다. 외환 위기가 찾아왔던 1997, 1998년과 서브프라임 모기지
사태가 덮쳐왔던 2008, 2009년을 제외하면 해외여행객은 매년
증가했다. 2016년 한국인들이 해외로 나가면서 쓴 여행 비용은
26조 8486억 원 가량으로 추정된다. 같은 해 국내여행 비용이
었던 25조 7480억여 원을 넘어선다. 이미 2001년 이후 한국의
관광 수지는 계속해서 적자였다.

　　물론 국내여행 시장도 여전히 만만치 않다. 특히 사람과 인프

라와 돈이 수도권으로 쏠려 있는 한국 사회에서, 관광 수입은 그나마의 재분배를 가능케 하는 방편이다. 몇몇 지자체는 관광객 유치에 사활을 걸고 무리한 사업들을 진행하다 낭패를 보기도 한다. 휴가철의 바가지요금과 서비스, 시설의 미비가 매년 구설에 오르지만 앞마당에서 보물을 찾아보려는 국내여행객들의 발걸음도 끊이지 않는다. 하지만 역시 최근 여행 경험의 중심을 차지하는 것은 국내보다는 해외다.

한국인들이 사랑하는 주요 국가들의 관광지는 이미 한국어 안내와 호객 행위가 넘쳐난다. 어떤 곳들은 명동이나 인사동, 이태원 같은 서울의 관광 명소들과 차이를 느끼지 못할 정도다. 인터넷과 SNS에는 현지의 언어를 몰라도 불편 없이 여행을 할 수 있을 만큼의 자세한 정보가 넘쳐나고, 아직 한국인들의 때가 묻지 않은 청정한 여행지들에 대한 정보도 소곤거리듯 퍼져 나간다.

근면성실하게 일만 하면 되었던 때와는 다르게, 오늘날의 한국 경제는 소비가 없이는 성장하지 못한다. 게다가 여행의 효과는 소비에서만 그치지 않고, 예전보다 훨씬 복잡해진 노동력의 재생산과, 예전보다 훨씬 중요해진 삶의 질에 영향을 미친다. 그러므로 사람들이 여행을 떠나는 것은 어느 쪽의 입장에서 보든 간에 나쁜 일은 아니다.

하지만 한국에서 벌어지는 모든 일이 그러하듯 여행이라는 행위 역시 복잡하고 때로는 뒤틀린 면들을 가지고 있다. 여행이 좋고 즐겁다고 해서 누구나 마음대로 떠날 수 있는 것도 아니거니와, 사람에 따라 목적과 행태도 매우 다르기 때문이다.

가령 동남아시아 등지에서 한국인들은 주요 관광객인 동시에 악질 관광객이다. 안하무인의 태도, 타 종교에 대한 지나친 전도 행위, 현지인에 대한 인종차별, 아동을 포함한 심각한 성매매 등 각종 추태들이 20년 넘게 누적된 결과다. 동남아뿐만 아니라 세계의 관광 명소에서 한글 낙서를 찾는 것은 어렵지 않고, 현지인들의 삶의 터전과 방식을 훼손하는 행동들도 심심찮게 문제가 되어왔다.

물론 비슷한 문제들을 과거 유럽과 북미의 백인들은 더 심각한 차원에서 일으켜왔고, 그때 쌓아 올린 기반들을 바탕으로 지금은 다른 나라의 문화를 존중해야 한다고 외치는 세계의 교양 경찰 노릇을 하고 있다. 반면 식민 통치와 내전과 독재를 모두 겪은 아시아의 빈곤한 국가였던 한국은 그 백인들이 자행한 차별과 성매매와 전도와 파괴를 모두 겪었던 나라다. 그리고 지금은 급속한 경제성장을 바탕으로, 여권 도둑들이 선호하는 '못 가는 곳이 별로 없는 여권'을 발행하는 나라가 되었다. 이 기억과 변화는, 어쩌면 추태의 원인으로 지적되곤 하는 한국의 국민성보다 더 정확한, 혹은 그 국민성이라고 불리는 무언가를 규정하는 원인인지도 모른다. 하지만 피해자였던 한국의 그 어떤 면도 오늘날 가해자가 된 한국의 잘못을 경감해줄 수는 없다. 특히 그 피해자의 모습이 정치적 유불리를 위해 편리하게 동원되고 있을 뿐이라는 점에서 더더욱 그렇다. 정작 그 피해자들은 국가로부터도 외면당했었는데 말이다.

한편 여행이 한국 사회에서 갖게 된 문화적 위상 역시 흥미롭다. 가령 1980년대의 청년들이 민주주의를 위해 헌신하지 않는 것에 대해 비난을 받고, 1990년대의 청년들이 그 그림자를 떨쳐내기 위해서 배낭을 메고 이곳저곳으로 흩어졌다면, 2000년대의 청년들은 '배낭여행도 가지 않는 패기 없는 청춘'이라는 새로운 비난에 직면해야 했다. 이후 88만원 세대로 명명될 이 청년들에게 여행은, 그것을 통해 내 삶이 바뀌었다고 면접관들 앞에서 주장해야 하는 새로운 경쟁의 도구이자, 스펙의 일부로 자리매김하게 되었다. 스마트폰의 보급과 함께 SNS가 삶 속에 깊숙이 자리 잡게 되면서부터는, 여행은 '내가 나로서 내보이고 싶은 나'를 연출하기 위한 필수적인 풍경이 되었다. 물론 이런 것들이 즐거움 자체를 앗아가지는 않겠지만, 여행이라는 행위를 할 때 우리가 어떤 태도를 가지고 어떻게 느껴야 하는지를 상당부분 규정하게 된 것은 사실이다. 당연하게도 이것은 유행을 타는데, 최근의 트렌드는 남들이 모두 칭송하는 것을 멀리하고, 길거리에서 사먹은 군것질 같은 것에 쿨한 찬사를 덧붙이는 것이다.

따지고 보면 이 모든 사달은 우리가 여유를 가질 수 없는 혹독한 시간들을 버텨왔기 때문일지도 모르겠다. 요즈음 출국장을 나서는 사람들을 보면 여유와 즐거움보다도, 살기 위해 쉬러 간다는 결기가 느껴진다. 물론 그렇다고 해도 해외로밍과 이메일로 쇄도하는 업무 연락을 모두 피하지는 못하겠지만 말이다.

※ 〈동국대학원신문〉 2017.09.18.

2017.8.26.

북한, 동해상으로 대륙간탄도미사일 3기 발사

# 그들은 정말로
# 여성 징병을 원하는가

#청와대_국민청원 #군무새

**2017.12.11. 청와대 웹사이트 국민청원 페이지에서 여성 징병 청원 해프닝 일어나다.**

⊙------- 이미 생긴 지 좀 된 말이지만 '군무새'라는 신조어가 있다. 인터넷상의 논쟁에서 남자들이 앵무새처럼 군대 얘기만 한다는 것을 비꼰 단어다. 실로 군대를 둘러싼 성별 간의 논쟁은 PC통신 시절부터 유구하게 반복되고 있다. 젠더 이슈로 논쟁이 벌어지면 그게 어떤 문제든 상관없이 군대 이야기가 나온다. 오죽하면 여자들 중에서도 "이럴 바에야 차라리 군대 갔다 오겠다"라는 말을 하는 이들이 있을까.

최근 청와대 홈페이지에 여성 징병을 시행하자는 청원 수가 10만 명을 넘어섰다. 표면적으로는 여성도 국방의 신성한 의무를 분담해야 한다는 그럴듯한 말로 포장하고 있다. 이게 무슨 의미인지 모두 안다. 전역한 부대 쪽으로는 오줌도 안 눈다는 말은 순화된 표현이다. 자신이 알고 있는 모든 욕설을 동원해 핏대를 세우며 설명하는 그 군 생활을 여자들도 맛봐야 한다는 것이다.

물론 자유를 빼앗긴 채로 2년 가까운 시간을 보내야 한다는 것은 분명히 불유쾌한 경험이다. 재화·시간·신체·관계가 모두 통제의 대상이 되고, 이 모든 것이 어떻게 풀릴지는 철저히 운에 달려 있다. 당장 내 한 몸도 마음대로 할 수 없는 상황에서 북한과 국제 관계의 동향, 국내 정세, 다른 부대원의 일탈과 지휘관의 변덕에 촉각을 곤두세워야 한다. 국방부가 군 생활에 대해서 뭐라고 광고를 하건 간에, 현재 한국의 군대에서 그 시간은 박탈과 무력감의 시간이다.

하지만 남자들이 이 경험에 대해 보이는 태도는 매우 뒤틀려 있다. 이들은 군대가 개선되는 것을 못마땅해하면서도, 더 많은 사람이 군대에 가야 한다고 주장하며, 특히 여자들을 군대에 보내지 못해 안달이다. 현재 약 1만 명에 달하는 여군이 활약 중이며, 그중에는 장성에 오른 이들도 있다. 남자들은 여군이 사병이 아니라 간부이고, 편안한 보직을 맡기 때문에 진짜 군 생활을 한 것이 아니라고 주장한다. 교관의 말 한마디에 바들바들 떠는 훈련병 시절에도 지나가는 여군 간부의 얼굴이며 몸매를 품평하는 용기를 잃지 않는다.

만에 하나 한국에서 여성 징병을 시행한다면 지금의 군대는 물구나무서기 수준의 변화를 일으켜야 한다. 화장실도 분리되어 있지 않은 건물, '사나이'로 점철된 군가, 여성을 전우로 인식하지 못하는 병사와 간부들, "성폭행을 저지르느니 성매매를 하라"는 교육이 공공연하게 이루어지는 성 인식과 성 문화. 내가 여성 징병 청원을 더욱 불쾌하게 여기는 것은 여자도 동등하게 국방의 의무를 치르며 육체적 고통을 느껴야 한다는 수준에서 끝나는 게 아니라 이런 성차별적 문화를 전제하여, 여성으로서의 곤경을 겪어야 한다는 숨은 저의 때문이다. 논란 속에서도 계속 연재 중인 웹툰 〈뷰티풀 군바리〉가 묘사하는 성 착취적인 욕망이 여성 징병의 목소리에 포함되어 있다.

사실 남자들이 가장 원하는 것은 여성 징병이 아니다. 그들이 바라는 것은 여성들이 남자들의 군 경험을 대단하게 생각해 주면서 그것에 대한 보상으로 돌봄과 성적인 서비스를 제공하며, '2등 시민'으로 머물러 있는 것이다. 솔직히 생각해보자. 나를 괴롭힌 선임도, 간부도, 휴가를 자른 지휘관과 '고문관'인 후임도 모두 남자다. 국방부 장관, 참모총장, 병무청장을 비롯해서 남자만을 징병의 대상으로 삼았던 '건국의 아버지'들도 남자다. 왜 자꾸 이상한 곳에 가서 보따리를 내놓으라고 생떼를 쓰고 있는가? 이쪽은 무섭고, 저쪽은 만만해 보여서라는 답 말고 다른 게 있다면 부디 말해주길 바란다.

* 〈시사IN〉 2017.09.21.

# 흔들리는
# 삶

#재난 #경북_지진

**2017.11.16. 경북 포항 지역 지진으로 대학수학능력시험 1주일 연기되다.**

◉------- 휴대폰에서 내가 설정한 적 없는 커다란 경보음이 울리기 시작했다. 놀라서 화면을 들여다보니 경북 포항 부근에서 지진이 났다는 문자였다. 잠시 어리둥절해 있던 사이 일순간 방이 휘청거렸다. 대피를 하거나 탁자 밑으로 피하지도 못했다. 조금만 더 크게 흔들렸더라면, 아직 읽지도 못한 책들에 깔려 짧은 생을 마감했을지도 모르는 일이었다. SNS에 접속해보니 다들 지진을 느꼈다고 외치고 있었다. 내가 사는 서울은 물론 인천에서도 지진을 느꼈다고 했다. 시간이 조금 지나자 지진의 여파를 직격으로 맞은 포항에서 글과 사진, 동영상들이 올라오기 시작했다. 건물이 붕괴 직전까지 부서지고, 낙하물에 맞은 차는 박살이 났다. 대피한 학교 운동장에는 영화에

서나 보던 갈라진 틈이 나타났고, 엉망이 되어버린 집들도 여럿이었다. 사람들이 만들어놓은 대부분의 것들은 순식간에 무력해졌다.

다행히도 정부는 신속하고 과감하게 상식적인 조치를 취했다. 그러나 정작 현장에서는 지난 수년간의 상처 가득한 교훈들이 무색해지는 행동이 여전히 나타났다. 어떤 학교에서는 대피하려는 학생들을 교사들이 별다른 설명도 없이 교실로 몰아넣었다. 또 어딘가에서는 지진이 지나간 이후에도 계속해서 자습을 강행하다가 두 번째 지진이 나서야 학생들을 대피시켰다.

교사도 사람이고 예기치 못한 상황에 당황할 수 있다. 무질서한 대피 때문에 벌어지는 사고를 걱정했을 수도 있다. 하지만 지진이 났는데 학생들의 생명과 안전보다 더 중요한 것이 있다고 믿었다면 그것은 교육자로서의 책임을 망각한 것이자, 타인의 삶을 모독한 것이다. 비록 한국의 교육 환경에서 모든 삶은 소중하고, 입시보다 중요한 것들이 인생에 잔뜩 있다는 말이 얼마나 발붙일 수 있을지는 모르겠지만 말이다.

들려오는 또 다른 소식은 지진으로 졸지에 피난민이 된 수험생들이 자기들 때문에 수능이 늦어졌다며 욕하는 인터넷상의 댓글들 때문에 한 번 더 상처를 입고 있다는 것이다. 이 역시 뿌리는 같다. 부모, 교사, 모든 사회가 달려들어 대학이 아니면 낙오라는 저주에 가까운 사상을 주입해온 19년의 시간이 일주일이나 연장된다는 것은 작은 일이 아니다. 저 댓글들은 이기적인 이들의 난동이 아니라, 그들이 받았던 교육의 산물이다. 자기를 너무 사랑하기는커녕, 대입이라는 목표를 제외하면 그 어떤 것의 주체도 될 수 없었던 이들만이 할 수 있는 짓이다.

수능날이 되면 온 사회가 수험생을 응원하고 배려하는 듯 호들갑을 떨지만, 한국 사회는 단 한 번도 태어난 인간을 존재 그 자체로 환영해준 적이 없다. '너의 유용성을 입증하라'는 입사 면접과 연봉 협상에만 있는 것이 아니라 가정, 학교, 사회의 논리이자, 이제는 우정과 관계의 논리다. 약하고 상처받은 이들을 향해 사회가 파놓은 시궁창을 타고 구정물처럼 혐오가 흐르는 것은 하나도 이상한 일이 아니다. 그렇다고 그들의 행동에 책임이 없지는 않을 것이다. 하지만 이제 와서 나는 저런 괴물을 모른다고 부정하는 것은 학생들의 안전과 생명보다 면학 분위기와 시험 성적을 우선시했던 어떤 교육자들의 태도와 다르지 않다.

반복적으로 일어나는 사건들임에도 불구하고 우리의 학습 능력은 여전히 좋지 못하다. 모두가 불행과 불운으로부터 예외일 것이라고 믿고, 타인의 고통은 온전히 그들의 것이라고 생각한다. 하지만 우리가 아무리 대비를 해도, 삶이 어느 날 갑자기 3초의 시간만을 남겨주는 것을 막지는 못한다.

우리가 중요하다고 여기는 것들은 언제든지 폐허가 될 수 있다. 우리가 겸손해지고 서로를 돌보는 법을 배우지 못한다면, 삶은 언젠가 뿌리 뽑혀 버릴지도 모른다.

※ 〈경향신문〉 2017.11.17

# 신자유주의적
# 존재론
## _ 경쟁하지 않는 자, 존재하지 말라

⊙------- 1970년대 영국과 미국의 보수 정부에서 시작되어, 1997년 외환 위기와 함께 한국 사회에 전면화된 신자유주의는 이후 많은 사회경제적 문제들의 근원으로 지목되었다. 얼마간의 시간이 지나자, 신자유주의라는 단어 자체는 일종의 빈-기표(Empty signifier)가 되었다. 누군가가 그 단어를 입에 담는 순간 사람들의 얼굴에는 지겨워하는 표정이 역력해졌다. 이 때문에 그 단어를 피해서 사회에 대해 이렇게 저렇게 말하는 방법을 익히는 것이 토론의 기술이 되었다.

하지만 딱히 그 문제가 해결되거나, 그럴듯한 저항이 일어나지도 않았다. 진보 정부는 시장 개방을 추진했고, 노동 유연성을 강화했고, "권력이 시장으로 넘어갔다"고 선언했다. 이어서 정권을 잡은 보수 정부는 앞선 정부가 닦아놓은 길을 타고 더 급진적이고 확실한 민영화와 복지 축소 정책을 펼쳤다.

신자유주의가 전면화되고 약 10년이 지난 후 한국의 사회학계에 새롭게 소개되었던 신자유주의적 '통치성(Governmentality)'이라는 개념이 있다. 프랑스의 철학자 미셸 푸코가 강의를 통해 소개한 개념을 다른 학자들이 살을 붙이고 연구한 것이다. 아주 간략하게 말하자면 누구를 고용하기는커녕 구직처를 찾아서 헤매는 신세인 사람들이 왜 자신을 '기업가'로 여기게 되었는가에 대한 분석이었다.

신자유주의의 이론가들이 사람들을 기업가로 만들려고 노력했던 이유는 기업가에게 벌어지는 일들이 노동자에게 일어나는 일과 매우 다르기 때문이다. 기업가는 주체적으로 투자를 하고, 리스크를 짊어지는 존재다. 하지만 노동자는 고용되어 임금을 받고 일을 한다. 기업가를 해고하는 것은 쉽다. 그는 자기의 전략이 어떻게 잘못되었는가를 고민하고, 어떤 투자를 통해 필요한 능력을 함양할지 고민할 것이기 때문이다. 노동자를 해고하는 것은 비교적 어렵다. 그는 자신의 해고가 적법한지를 고민할 것이고, 노조를 찾아가 상담할 것이고, 다음날이면 낚시조끼와 거대한 피켓을 챙겨 회사 앞으로 돌아올지도 모른다.

공교롭게도 그로부터 10년이 다시 지났다. 이제 신자유주의라는 단어는 훈민정음에 적혀 있던 단어 같은 취급을 받는다. 하지만 여전히 해결된 문제는 하나도 없다. 신자유주의는 이제 사람들의 영혼에 깃들어 있다. 오늘날 벌어지고 있는 아수라장들, 예컨대 비정규직의 정규직 전환에 반대하며 시위를 하는 정규직과, 심지어 정규직도 아닌 지망생들의 말을 들어보자. 이들은 자신들처럼 경쟁을 통해 실력을 입증하지 않은 이들은 아무리 수년간 같은 직장에서 일을 했다고 한들 자격이 없다고 말한다. 이들의 말은 비정규직 보호법 같은 실정법을 뛰어넘는 더 깊숙한 층위로부터 나온다. 이것은 존재론이다.

이 신자유주의적 존재론의 가장 고약한 점은 다른 방식의 존재 가능성에 대한 상상력을 빼앗아간다는 것이다. 오늘날 무언가가 존재하기 위해서는 경쟁을 거쳐야 한다. 경쟁을 거치지 않았다면 의심과 모욕을 받아 마땅하고, 낮은 지위를 감내해야 한다. 사람들은 "호의가 계속되면 권리인 줄 안다"는 영화 대사에 열광하며, 누군가 '무임승차'를 하고 있는 것은 아닌지 눈에 불을 켜고 찾아다닌다. 인권의 본래 뜻은 인간으로 태어났다면 누구나 누려야 하는 것이지만, 현실의 인권은 자격이 있는 자와 없는 자 사이에 장벽을 세우고자 하는 열망으로 가득하다.

하지만 그 누구도 비정규직을, 빈민을, 장애인을, 성소수자를, 여성을, 유색인종을 이길 수 없다. 왜냐하면 존재는 경쟁으로 정하는 것이 아니기 때문이다. 당신이 그중 누구를 싫어하든 그들은 존재할 것이고, 그것을 되돌릴 방법은 없다. 그러니 하루라도 더 늦기 전에 다른 존재를 받아들이는 법을 배우길 바란다. 장담하건대 다른 존재와 경쟁하려고 할수록 괴로운 것은 본인뿐이다.

＊ 〈경향신문〉 2017.12.15.

# 오늘 우리의
# '특권'에 대하여

## #역차별

사전적으로는 소수자의 사회적 차별을 개선하기 위한 조치에 의해 역으로 차별이 발생하는 경우를 뜻한다. 한국에서는 여성 전용 시설, 고용할당제, 징병제 등을 주요한 역차별이라고 주장하는 남성들이 있다. 물론 대부분의 사례는 그런 조치가 도입된 맥락을 무시한 일차원적인 반대인 경우가 많다. 또 고용할당제의 경우 '여성고용할당제'였던 것이 '남녀평등고용법'으로 바뀌면서 공무원 등의 채용에서 남성이 할당제의 수혜를 받는 경우도 많아지고 있다.

⊙------- 특권은 특별한 권리의 준말이다. 당연한 말이지만 무언가가 특별하기 위해서는 희소해야 한다. 이것이 뜻하는 바는 특권이라는 그것을 갖지 못한 이들이 존재해야만 성립한다는 것이다.

특권이 가장 명백하게 드러나는 곳은 신분제도가 존재하는 사회다. 신분제는 누구의 아이로 태어났는가가 평생 동안 그 사람이 누릴 수 있는 권리의 한계를 정한다. 귀족의 아이는 그가 훌륭하든 개차반이든 상관없이 귀족이 된다. 노예의 아이도 마찬가지로 개인의 인품과 능력과는 전혀 상관없이 노예가 된다.

이 둘은 죽음이라는 궁극적 사건을 빼면 전혀 다른 삶을 산다. 만약 사후 세계가 있다면 천국도 종교의 축복을 독차지한 귀족들이 점령할 게 틀림없다.

현대 민주주의 사회에서 특권의 문제는 좀더 복잡해진다. 공식적으로는 모든 사람에게 동등한 기회가 주어진다고 하지만, 특권은 작동한다. 현대사회의 특권을 정의한다면 '한 사회에서 인종·성·계급적으로 우위를 점하는 위치' 정도가 될 터이다. 유색인종은 백인종이 겪지 않는 다양한 난관에 부딪힌다. 여성과 비이성애자는 남성과 이성애자에 비해, 노동계급과 빈곤층은 자본가와 부유층에 비해 그렇다.

특권이라고 하면 선물처럼 주어지는 것 같지만, 오늘날 특권의 실상은 그것이 없는 이들에 대한 차별로부터 오는 반사이익이다. 그래서 많은 사람들이 자신이 가지고 있는 특권을 인식하지 못한다. 자기가 열심히 노력해서 자수성가했다고 믿는 어느 남성은 가정환경이 유복했기에 커리어를 쌓는 데 집중할 수 있었다는 사실과, 그와 동등하거나 뛰어났지만 기회를 얻지 못한 여성, 커리어는커녕 삶을 펼쳐보기도 전에 가난에 시달리다 범죄자가 되거나 희생양이 된 빈민가의 소년을 알지 못할 것이다. 설령 알게 된다 해도 그것은 자신의 잘못도 책임도 아니라고 생각할 것이다.

어느 정도는 사실이다. 그는 특권의 발명자도, 차별의 창시자도 아니다. 그는 자신에게 주어진 조건 아래서 여느 사람처럼 최선을 다했을 뿐이다. 하지만 그렇다고 그가 결백한 사람인가를 묻는다면 그 역시 아니다.

특권은 가해와는 다르다. 가해는 누군가에게 해를 입히기 위한 행위이기 때문이다. 특권은 아무것도 하지 않는다. 자신에게 주어진 유리함을 누리며 부당함에는 무지하거나 침묵하는 것이다. 그 침묵이 어쩌면 간헐적이고 일시적인 가해보다 더 굳건히 사회의 불평등을 보호하고 있는지도 모른다. 특권을 해체하기가 가해에 대한 책임을 묻는 것보다 훨씬 더 어렵다.

한 사람이 자신의 특권을 내려놓기로 결심한다. 이내 그는 자신이 원치 않았으나 사람들과 사회가 제공하는 이익을 발견하고, 그것을 걷어차기 위해 고군분투해야 한다. 선량한 사람일 것이 분명한 그는 단지 남들과 평등해지기를 원했겠지만, 까다롭고 어리석은 이상한 사람 취급을 당할 뿐이다. 그가 곁에 서고자 했던 이들에게는 그의 삶의 조건을 이루었던 특권이 남긴 습관과 흔적 때문에 비난받을 수도 있다. 그에게는 특권적 삶으로의 복귀라는 너무 쉬운 선택지와, 특권으로부터의 도피라는 파멸적 선택지가 주어진다. 한 개인에게 후자를 강요할 수는 없다. 무엇보다도 그것은 숭고한 희생도 뭣도 아닌 사회적 개죽음으로 끝나기 십상이기 때문이다.

그렇다면 어떻게 해야 하는가? 개인들이 내리는 윤리적 결단만으로는 부족하다. 약자들은 서로 힘을 모아야 한다. 약자를 옹호하려는 이들은 그들과 함께하며 방패막이가 되어야 한다. 의무감이나 부채감보다 서로에 대한 믿음과 사랑이 더 커져야 한다. 이견이 있으면 토론하고, 차이가 있으면 존중해야 한다. 이 과정을 지칭하는 단어는 바로 이것이다. "연대."

* 〈시사IN〉 2017.12.23.

# 2018

이 비열함의 시간을

끝내야 한다

# 한국 사회의
# 두 청년세대

#영포티 #20대_개새끼론

영포티는 40대가 된 X세대를 새롭게 지칭하기 위해 마케팅 차원에서 만들어진 개념이다. 이들의 특징으로는 내 집 마련에 집착하지 않고, 이념보다 합리와 상식을 우선시하며, 결혼과 출산을 당연하게 여기지 않고, 현재에 충실하며, 형식과 허울, 체면치레를 중시하지 않으며, 트렌드에 민감하다. 그러나 이 개념은 청년세대와 여성들에게는 '40대가 되었는데 여전히 정신 못 차리고 자기가 청춘인 줄 알며, 젊은 여성과 연애하고 싶어 안달이 난 아저씨들'로 받아들여져 야유를 받고 빠르게 사라졌다.

⊙------- 2018년 나에게 생긴 첫 번째 변화는 지금 독자들이 보고 있는 이 글이다. 나는 2009년 겨울부터 경향신문의 '2030콘서트'라는 코너에 글을 쓰기 시작했다. 30대가 되고 난 후 얼마 전까지는 '별별시선' 코너에 글을 실었다. 그런데 2018년부터는 '직설' 코너에 글을 싣는다. 2017년까지 이 코너 이름은 '청춘직설'이었다. 솔직히 말하자면 이 코너가 생겨날 때 담당부서에서 내게 코너 제목에 대한 의견을 물었다. 나는 제법 강력하게 부정적인 의견을 말했던 것으로 기억한다. 그리고 하마터면 살아온 세월 중 가장 많은 나이인 35세에 2030 같은 애매한 명

칭도 아닌 '청춘'이라는 수식어가 붙은 코너에 '직설'을 날리는 임무를 부여받을 뻔했다. 이 무슨 운명의 장난일까.

꽤 오랜 기간 나는 '청년필자' 혹은 '청년논객'으로 소개되곤 했다. 하지만 어느 순간부터는 이 수식어가 불편하게 느껴지기 시작했다. 2030을 넘어 '영포티'와 후기청년(4050)까지 등장한 마당에 고작 30대가 청년이 아니라고 말하기는 어려운 노릇이다. 하지만 내가 생각하기에 오늘날 한국 사회에서 청년은 두 개의 상이한 존재를 지칭하는 개념이고, 내가 느끼는 불편함은 이 둘 사이의 괴리로부터 온다.

첫 번째 청년들은 오늘날의 20대와 30대에 속하며, 사전적 의미의 청년에 가깝다. 2000년대 이후에 성인이 된 이들을 설명하는 가장 구속력 있는 단어는 '88만원 세대'나 'n포 세대'다. 이 '청년'들은 지난 10여 년간 한국 사회가 쌓아왔던 구조적 불행의 당사자로 호명되었으나, 그다지 많은 도움을 받지는 못했다. 선거 때마다 이 청년들의 불행이 화제가 되었지만 보수 세력에서는 어차피 도움이 안 될 것이기 때문에, 진보 세력에서는 자신들을 열과 성을 다해 지지하지 않기 때문에 번번이 잊혀졌다. 이들은 돈 없는 소비자이자, 표가 적은 유권자이고, 경쟁을 유일한 존재 양식으로 주입받았지만 승리가 허락되지 않는 조건 속에 놓여 있다. 분노와 좌절, 불신과 불관용, 자기 연민과 자존감

없음이라는 독소들이 내면을 장악해가는 가운데, 2016년을 기준으로 이들은 88만원도 아닌 78만원의 월평균 소득을 겨우 버는 처지가 되었다.

두 번째 청년들은 오늘날 40대와 50대 초반 즈음에 속하며, 2000년대 이후에 사회의 주류로 자리 잡게 된 이들이다. 3/4/586, 영포티, 후기청년과 같은 단어들로 정의되는 이들은 어쨌거나 '희망찬' 한국 사회를 실시간으로 경험했던 이들이다. 경제는 성장했고, 독재는 타도되었다. 위기나 어려움을 겪지 않은 것은 아니지만 극복해냈다. 이들이 스스로를 청년이라고 칭할 때 그것은 일종의 사회적 불로불사 선언 같은 것이다. 이들은 정치, 사회, 문화, 경제 모든 면에 있어서 자신이 서 있는 곳을 언제나 사회의 최전선이라고 여기며, 그렇기 때문에 자신은 결코 고루한 꼰대가 될 수 없다고 굳게 믿는다.

청년필자의 청년은 당연히 전자다. 궁핍으로부터 시작된 담론은 선거 때마다 불거지는 '20대 개새끼론'과 '노오력' 타령 앞에서 점점 더 수세적이고 지리멸렬해졌다. 애초에 누구로부터도 대표성을 인정받은 바 없었던 청년필자들이 뜬금없는 등장과 퇴장을 반복하는 동안 청년 담론장의 승리는 '멘토'들에게 돌아갔다.

하지만 그들의 위로와 조언이 얼마나 도움이 되었든, 한국 사회에서 전자의 청년들의 입지는 지나치게 좁아졌다고 생각했던 때보다도 더 좁아지고 있다. 과거에는 인재 유출이라며 호들갑을 떨었을 (외화벌이와는 다른 성격의) 해외 취업을 국가가 장려하고, 고위 관료와 정치인들이 자기 자식의 그다지 엄청나지도 않은 취직처를 만들어주기 위해 청탁 비리를 저지르고, 공무원 아니면 탈조선이 인생의 모범답안이 되어버린 최근의 트렌드가 증명하는 바다.

게다가 후자의 위풍당당해 보이는 '청년들'에게서도 불안이 읽힌다. 이들은 전례 없이 길어진 평균수명과 그다지 체계적이지는 못한 노후 준비, 자녀의 부양을 바랄 수 없는 상황 속에서 발버둥을 치는 중이기 때문이다. 이들이 어른이 되는 대신에 경박해지기로 한 데는, 역사의 흐름이 허락해준 자신만만함만이 아닌 나름의 절박함도 있는 것이다.

과거의 세대론은 전자의 청년들이 후자의 청년들을 비난하는 것으로 상황을 바꾸고자 했다. 하지만 이는 전략(별다른 타격이 되지 않았기 때문에)으로도 또 이론(세대라는 분석 단위가 갖는 한계 때문에)으로도 실패했다. 그렇다고 후자의 관대한 양보를 바라는 것도 어려워 보인다. 그사이 '두 청년'의 미스매치는 4차 산업혁명으로도 해결할 수 없을 만큼 한국 사회의 미래를 열심히 좀먹고 있다. 방법이 있을까? 결국은 또 원론이다. 청춘은 청년에게, 책임과 존경은 어른에게, 그리고 미래는 후속 세대에게.

＊〈경향신문〉2018.01.03

# 우리는
# 용산 참사를 모른다

#공동정범

2018.01.25. 용산 참사의 생존자들이 출연한 다큐멘터리 영화 〈공동정범〉 개봉하다.

⊙------- 반년 가까이 타오르던 광화문의 촛불도 꺼지고 찬바람만 몰아치던 2009년 1월 20일의 일이었다. 2007년부터 재개발 문제로 철거민들이 투쟁을 벌이고 있던 용산4구역. 남일당이라고 불리던 폐허 같은 건물 옥상에 철거민들이 임시로 지어놓은 위태로운 망루 하나가 있었다. 새벽부터 그 망루를 무너뜨리기 위해 물대포와 병력을 실은 컨테이너가 맹렬하게 공격을 퍼붓기를 한창, 갑자기 불길이 치솟았다.

여섯 명이 죽고, 많은 사람들이 다쳤다. 더 많은 사람들이 구속되고, 재판을 받고, 감옥에 갔다. 성적소수문화인권연대 연분홍치마는, 다큐멘터리 영화 〈공동정범〉을 통해 그날 그 망루 안에서는 대체 무슨 일이 있었느냐고 묻는다. 영화는 망루의 생존자이자 공동정범으로서 중형을 선고받고 복역 후 출소한 다섯 명에게 남겨진 상흔을 드러내면서 시작한다. 이들은 지옥 같은 망루에서 살아남는 과정에서 몸과 마음에 큰 상처를 입었고, 그 상처를 추스를 새도 없이 구속되고 재판을 받았으며, 감옥을 나온 뒤에는 고립되었다. 그리고 영화는 이들의 현재에 동정을 보이는 대신 그날의 기억을 증언하라고 요청한다. 기억은 혼란스럽고, 과정은 고통스럽다. 피해자들 간에는 냉랭함과 갈등이 맴돈다. 영화는 봉합하는 대신에 모든 것을 드러내기로 했다. 용산을 '안다'고 생각했던 모든 이들에게, 그래서 너무 쉽게 고개를 돌렸던 이들에게 다시 그 참상의 의미를 묻는다. 당신은 용산이 무엇인지 아는가? 그리고 아직 아무것도 해결되지 않았다는 것을 아는가? 이들 모두는 각자의 깊고 날카로운 억울함을 지니고 있다. 인심의 가장 확실한 근원이 곳간이듯, 박탈된 자들의 세계는 더 비정한 법이다. 3~5년간 감옥 생활을 했던 5명 중 '용산 사람'은 한 명이었다. 나머지 네 명은 다른 곳에서 철거 반대 투쟁을 하다가 부랴부랴 연대를 하러 온 이들이다. 그런데 사법부는 모든 참상을 그날 그 시간 그 망루 4층에 고립되어 있다가 목숨을 걸고 탈출했던 다섯 명의 책임으로 돌렸다. 갈등의 사회적 원인도, 진압 과정의 무리함도, 제대로 규명되지 않은 화재의 원인도 모두 고려되지 않았다. 잘잘못과 진실을 가리는 대신 손쉬운 통제를 위해 모두에게 벌을 주곤 하는 '연대책임'의 논리가 신성한 법의 이름으로 반복되며 다섯 명의 시민을 중죄인으로 만든 것이다. 이들은 다른 사회 불만 세력에게 보여주기 위한 모종의 본보기가 되었다. 그리고 억울함은 타인에게, 또 자신에게 겨누는 칼이 되었다. 하지만 진정으로 이들을 짓누르는 것은 억울함보다도 더 거대한 죄책감이라는 것이 드러난다. 내가 인화성 물질을 뿌리지 않았다면, 먼저 대피하지 않았다면, 혹시라도 그 모두가 살 수 있지는 않았을까. 이들은 만신창이가 된 몸과 마음을 그러안고 "나 때문에 모두가 죽었을까?"라는 질문 앞에 선다. 그들이 저 질문의 무게에 휘청거리는 동안, 한국 사회는 또 다른 참사와 또 다른 억울함과 또 다른 죄책감들을 질리지도 않고 만들어왔다.

용산 참사는 그 이전에 존재해왔던 여타의 철거민 투쟁과는 달랐다. 용산에서 싸웠던 이들의 상당수는 빈민이 아니라 그럭저럭 먹고살 만했던, 도시 중산층 자영업자들이었다. 국가와 자본은 이제는 낡고 보기 싫어진 것들을 걷어내고, 매끈하고 번쩍거리는 것으로 바꾸겠다고 통보했다. 일전에 나는 "용산은 우리가 수십 년간 에둘러서 중산층이라고 부르며 동일시해왔던 무언가가 찢어지고 있음을 알리는 거대한 파열음"이라고 썼다. 용산에 대한 이해할 수 없는 침묵과 외면이 혹시 무관심이 아니라 공포는 아닐까라고 물었다.

나의 의문은 여전히 현재 진행형이다. 오늘도 침탈당하고 있는 수많은 삶의 터전과 그보다도 더 무수히 소리 없이 질식하고 있는 삶들이 있다. 그리고 한국 사회는 여전히 이들의 고통을 개인의 몫으로 돌린다. 이제는 사람들도 익숙해졌다. 타인의 몰락을 보면 동정이나 연민을 갖기보단 앞장서서 조롱한다. 나는 이 악다구니에서 어떤 처절한 기도가 느껴진다. 제발 나만은 저렇게 되지 않게 해달라는. 그러나 또한 느껴진다. 사라지지 않는 불안의 떨림과 무력감이.

'우리 모두가 범인'이라는 식의 식상한 문장으로 이 글을 끝내고 싶지 않다. 다만 부디 이 철저하고 사려 깊은 기록을 더 많은 사람이 목격하길 바란다.

* 〈경향신문〉 2018.01.31.

2018.01.29.

서지현 현직 검사 법조계 내 성폭력 폭로

2018.02.06.

최영미 시인 문학계 내 성폭력 폭로

# 미투의
# 정치

### #MeToo #미투_운동

2017년 10월 미국의 영화계에서 본격적으로 시작되어 세계로 번지고 있는 성폭력 폭로 운동을 통칭한다. 트위터에서 #MeToo라는 해시태그를 통해 자신의 성폭력 피해 사실을 공개하는 형태로 시작되었으며, 저명인사들을 비롯해 수많은 성폭력 피해자들이 미투 운동을 통해 "나도 말한다"는 의지를 표명하고 있다.

⊙------- 폭로에는 각자의 배경과 이유가 있다. 그 목적도 천차만별이다. 하지만 공통점이 있다. 폭로라는 행위는 개인의 윤리적 결단과 용기에 의한 것이지만, 그것이 사회를 향해 발화된 이상 그 자체로 응답을 요구하는 정치적 행위이자, 사건이 된다.

미투(Me too)가 "정치적으로 이용당할 수 있다"는 식의 말은 그래서 틀렸다. 쏟아지는 폭로 중에는 가해자를 처벌하기 어렵거나, 오히려 명예훼손 등에 의해 반격을 당할 수 있는 것도 많다. 그럼에도 폭로를 결심하는 것은 이 비열한 폭력이 얼마나 깊고 넓게 퍼져 있는지를 자신의 아픈 기억으로 증언하기 위해서다. 우리는 이미 각계의 존경받던 남성 '어르신'들이 수많은 여성들의 고통을 깔아뭉개며 살아왔다는 사실을 알게 되었다. 그리고 많은 사람들이 그 어르신들을 떠받들기 위해 충성 경쟁을 벌이며, '작은 어르신'이 되기를 소망했다는 것도 보고 있다. 미투가 그려내고 있는 이 추악함의 지도는 그동안 우리가 영위하던 일상이 외면과 기만 속에서 이루어져왔음을 처절하게 일깨운다. 최소한의 인간다움이나마 유지하고 싶다면 그 외면과 기만의 시간으로 돌아갈 수는 없을 것이다. 미국의 미투 운동이 외치는 바처럼, 그런 시간은 끝났다(Time is up!).

여전히 정치적이라는 말을 '공작'이나 '불순한 의도' 이외의 다른 의미로 사용하지 못하는 이들은 미투와 정치가 분리되어야 한다고 말한다. 하지만 미투를 통해 나오고 있는 성폭력에 대한 증언들은 신의 존재나 학문적 진리에 대한 이야기가 아니라, 공과 사의 영역 모두에 퍼져 있는 젠더 권력과 성차별에 의한 성폭력이라는 지독하게 정치적인 문제에 대한 증언이다. 이런 정치적인 사안을 비정치적으로 '순결'하게 다루라는 요구는 폭로와 폭로자들에게 족쇄를 채우는 것 말고는 아무런 역할을 하지 않는다.

애초에 이런 일이 가능했던 것은 성폭력의 문제가 개인의 사적인 비행이며, 그래서 정치로부터 유리된 것으로 여겨왔던 인식 때문이다. 덕분에 유능한데 '그 부분'만 조금 이상한, 훌륭한데 '그 부분'의 소문이 안 좋은, 성실한데 '그 부분'에서 실수를 조금 하는 사람들이, 그 유능함과 훌륭함과 성실함을 아무런 제재 없이 이어갈 수 있었다. 소문이 돌고 꺼림칙한 행동을 목격했을 때 사실을 확인하고 바로잡았다면, 누군가가 피해를 입는 것도 가해자들이 돌이킬 수 없는 괴물이 되는 것도 막을 수 있었을지 모른다. 그러나 우리 모두는 '그 부분'에 대해서 입을 닫았고 내 눈앞에서 벌어지지 않았다는 이유로 넘겨왔다.

물론 다짜고짜 멱살을 잡고 성폭력을 저질렀냐고 물어볼 수는 없는 노릇이다. 또 집중적으로 폭로가 벌어지는 분야들을 보면, 사람은 적고, 바닥은 좁으며, 폐쇄적이고 특수한 관행들이 많은 곳이다. 대부분의 성폭력이 관계와 권력을 빌미로 벌어진다는 것을 생각해보면, 자신이 통제할 수 있다고 생각하는 시간과 공간과 사람이 만났을 때 가해가 발생할 개연성이 크다. 성폭력이 처벌하기 어려운 이유는 이런 교묘함 때문이다.

오랫동안 이 어려움은 오롯이 생존자들과 그를 돕기 위해 선의를 갖고 나선 이들의 몫이었다. 이 험난한 과정 속에서 그들은 더 큰 상처를 입고, 순식간에 고갈되곤 했다. 법은 성범죄에 대한 엄벌주의적 관점을 견지해왔지만, 성폭력의 고리를 끊거나 예방하는 데 큰 도움이 되지는 못했다. 미투의 증언 중에도 공소시효가 지나 법이 해결해주지 못한다는 사례들이 많이 있다. 애초에 몇몇 가해자들에게 법적 책임을 묻는 것은 미투가 요구하는 답의 일부일 뿐이다. 진짜 중요한 것은 사회에 만연한 '강간

문화'와 침묵의 연대를 깨트리는 것이고, 성폭력을 예방하고 해결하기 위해 필요한 시스템, 그리고 그것의 기반이 될 사회적 연대를 어떻게 구축할 것인가.

그리고 이것은 결국 모두 정치의 문제다. 폭로자들을 보호하고, 전략을 세우고, 협상하고, 관철시키는 그 모든 것이 정치가 아니면 대체 뭐란 말인가? 미투를 악용하는 음해 세력이 걱정이면 쫓는 데 힘을 보태고, 엉뚱한 사람이 지목될까 걱정이면 바로잡으면 된다. 성폭력이 당할 리 없고 저지를 리 없는 '남의 일'이라고 생각한다면, 당신은 사태를 완전히 잘못 파악하고 있는 것이다. 이 비열함의 시간을 끝내야 한다. 그렇지 못하면 다가올 시간은 그야말로 끝장일 테니까.

＊〈경향신문〉 2018.02.28.

# 혐오, 절찬리에
# 판매 중입니다

**#BJ #신태일 #철구**

오늘날 아프리카TV와 유튜브 등 온라인 방송 공간에서 혐오가 광고 수익과 연
결되는 광경을 흔히 볼 수 있다. 유튜브 크리에이터 신태일, 김윤태의 갓건배 살
해 협박 방송, 아프리카 BJ 철구의 혐오와 폭력 방송 등이 논란에 올라 수사를
받기도 했다.

⊙------- 최근 많이 사용되는 신조어중 "TMI"라는 단어가
있다. "Too much information"의 앞 글자를 딴 것으로, 굳이
알 필요 없는 정보나, 지나치게 많은 정보를 지칭하는 말이다.
이제는 우리의 일상에 TMI가 치고 들어오는 단계를 넘어서, 사
람들이 TMI의 바다에서 표류하고 있는 것에 가깝다.

대략 프로세스는 이렇다. 출처 A로부터 B라는 정보가 등장하
면 언론사 C, D, E, F, G(…)가 모두 [단독]이라는 말머리를 붙
여서 기사를 낸다. 그리고 그 언론사들이 운영하는 온라인 언론
에서 내용과 상관없는 자극적인 제목을 달아 어뷰징(abusing,
동일한 내용의 기사를 반복적으로 노출하는 것)을 한다. 그 기사들

은 곧 포털, 커뮤니티, 카페, 위키백과, 개인들의 블로그와 SNS에 내걸린다. 그리고 같은 내용을 누군가가 동영상으로 만들어 유튜브에 올린다. 오병이어의 기적도 저리 가라 할 만큼 불어난 정보 비슷한 무언가가 온라인 공간을 가득 채운다. 물론 SNS를 타고 실려 오는 수많은 '친구'들의 시시콜콜한 일상, 정념, 감상, 점심 메뉴도 빼놓을 수 없다.

이 광기 어린 움직임에는 하나의 합리성이 있다. 사이버스페이스에서 가장 큰 경쟁은 어떻게 더 많은 이들의 주목과 관심을 끌 것인가이다. 왜냐하면 랜선을 타고 넘어오는 주목과 관심이 오늘날 온라인 공간의 거의 유일한 자원이 되었기 때문이다. 이제 주목 경쟁은 약한 자존감을 가진 개인들이 자신의 자아를 보상받기 위해 벌이는 가련한 게임이 아니다. 주목 경쟁은 오늘날 미디어 환경 내에서의 유일한 목표이자 결과이고, 그 자체로 산업이다.

제도권 정치에서부터 개인 방송을 진행하는 개인까지 모두가 이 게임에 빠져들었다. 그리고 한 가지 밝혀진 사실은 무뢰배가 되는 것은 훌륭한 전략이라는 것이다. 눈살이 찌푸려지는 악담, 소수자에 대한 혐오, 불쾌한 욕설과 음담패설은 그것에 동조하든 반대하든 사람들의 관심을 끌어들일 수 있다. 이렇게 끌어들인 관심은 규모만 충분하다면 다른 것과 얼마든지 교환 가능하다. 죄책감이나 양심 같은 물러터진 것들을 접어둘 수 있다면,

그야말로 '혐오가 돈이 되는' 세상이 도래한 것이다.

　이 전략은 차근차근 명분을 쌓고, 사려 깊은 표현 방식을 고민하고, 타인에게 성찰과 토론을 권유하는 것보다 훨씬 효율적이다. 남들이 오랜 시간에 걸쳐 어렵게 쌓아놓은 것을 그저 부수기만 하면 되니 말이다. 게다가 언론과 방송은 이들을 사랑한다. 이들의 자극적인 말을 퍼다 나르고, 스튜디오에 불러 마이크를 쥐어준다. 혹시라도 이들이 개심이라도 한다면 사람들은 순식간에 이 무뢰배들을 사랑하게 될 것이다. 볼멘소리 좀 있겠지만 그게 뭐가 중요하겠는가?

　당연히 이 전략은 공동체의 가치와 합의의 기반을 파괴한다. 하지만 자본은 불만이 없다. 어쨌거나 돈이 벌리기 때문이다. 그것은 자본의 세계에서는 도덕과도 같은 것이다. 그러나 오늘날 한국 사회에는 분명히 치명적인 문제다. 이 문제의 가장 모범적인 해법은 '먹이'를 주지 않는 것이다. 혐오를 통해 얻은 반응을 이득으로 전환하는 메커니즘을 깨야 한다. 이를 위해선 공동체와 구성원들의 조직적 무관심과 인내가 필요하다. 또 말이 몰고 다니는 관심이 아니라 그것의 정당성과 필요를 기준으로 판단의 근거를 만들어야 한다.

　'목소리'는 소수자들이 가진 가장 보편적인 도구다. 수많은 사람들이 은연 중에 공모하고 있는 혐오 산업은 삶을 요구하는 절박한 목소리를 쓰레기 같은 말들의 하치장에 파묻는다. 누군가는 동조하고, 누군가는 환멸을 느끼며 떠나간다. 목소리의 '자유 시장경제'는 여기에서도 불평등만을 양산할 따름이다.

목소리의 체계는 시장경제가 아니라 광장이어야 한다. '화제' 와 '이슈'에 묻힌 목소리들을 건져 올리는 것이야말로 오늘날 가 장 시급한 민주주의다.

＊〈시사IN〉 2018.02.19.

# 갑질에 대한
# 명상

⊙------- '갑질'은 최근 몇 년간 한국 사회에서 다양한 사회
적 병폐를 설명하는 단어로 사용되어왔다. 정의를 내리자면 갑
이라는 지위를 가지고 을에게 벌이는 부당한 행위의 총체 정도
가 될 것이다. 하지만 이 정의에서도 느껴지듯이 갑질이라는 단
어는 너무나 많은 것들을 동시에 의미한다. 한편으로 이는 한국
사회가 협력적이고 수평적인 관계가 아니라 수직적이고 불공평
한 관계를 중심으로 구성되어 있다는 것을 웅변적으로 보여준
다. 그러나 다른 한편으로는 사회의 다양한 맥락과 관계 속에서
발생하는 수많은 부당 행위와 폭력을 하나의 개념에 욱여넣는
것이기도 하다. 이 글에서 나는 갑질이라는 단어가 품고 있는 뜻
에 대해 고민해보려 한다.

먼저 단어의 결을 따라 생각해보자. 한국 사회에서 갑이란 무엇인가? 갑을관계는 대체로 계약관계에서 발생한다. 원칙적으로만 보면 갑과 을은 계약의 양 주체로서 서로가 원하는 것을 주고받기로 합의한 것이기 때문에 평등해야 마땅하다. 그러나 일이 이렇게 돌아가지 않는 이유는, 계약의 바깥에 실존하는 두 주체가 평등하지 않기 때문이다. 실제의 갑과 을은 많은 경우 사회적 지위, 권력과 권한, 재산의 소유를 비롯한 다양한 요소들에서 차이를 갖는다.

물론 '계약'이라는 행위의 기원은 약자를 보호하는 것이었다. 이런 불평등한 주체들 간의 관계에서 서로의 의무와 권한을 제한해 결과적으로는 약자를 보호하기 위한 장치가 계약이다. 근대적 주권 사상의 기초가 되었던 '사회계약론' 역시 국가라는 거대한 존재와 개인이라는 작은 존재를 계약이라는 절차를 통해 동등하게 만든 것이다. 국가가 개인을 자의적으로 쥐고 흔들 수 없도록 그 권한을 한정짓는 것이 사회계약의 핵심이다. 부당한 국가 폭력에 대한 저항들 역시 저 계약이 만들어준 정당성으로부터 출발한 경우가 많다.

하지만 근대 이후에도 지속적으로 존재했던(때로는 더욱 격렬했던) 국가 폭력의 양상들을 떠올려본다면, 이 계약이 제 역할을 온전히 했다고 보기는 어렵다. 개인 간의 계약을 보장하는 국가의 역할도 강자가 약자에게 행했던 폭력, 착취, 기만들을 생각하면, 심지어는 그것이 국가의 비호와 묵인 아래 행해지기도 한다는 것을 생각하면 마찬가지다. 작금의 부족한 수준의 민주주의나마 달성하게 된 것은 정의로운 국가의 자비심이 아니라, 평범하고 힘없는 사람들이 국가의 의도와는 다르게 싸운 덕이다. 너희들이 만들어놓은 노동법을 지키라고 몸에 불을 붙이고, 너희들이 말하는 민주주의를 내놓으라고 외치다 목숨을 잃었던 사람들이 계속해서 국가의 목에 방울을 달아왔던 것이다.

그렇다면 이번에는 갑질을 세분화하여 살펴보자. 먼저 갑질이라는 단어를 탄생시키는 데 가장 직접적인 '영감'을 준 고용의 영역이다. 직장 안에서 벌어지는 일은 임금 체불이나 부당 해고 같은 문제에서부터 폭언, 폭행, 성폭력과 같은 영역에 이르기까지 다양하다. 1987년 6월 항쟁 이후에 시작된 '노동자 대투쟁'에서 노동자들이 외쳤던 요구 사항 중에는 "복장 자유"와 "두발 자유"가 있었다. 당시 대부분의 일터가 군대나 다름없는 방식으로 통제되었고, 관리자들의 폭력과 노동법 위반은 일상적이었다. 이후 노동자들이 거듭한 투쟁을 통해 많은 개선이 있었지만, 오늘날에는 더 교묘하고 악랄해진 노동권 침해가 여전히 발생하고 있다. 작년 11월에 노동 관련 전문가들로 구성되어 출범한 온라인 연대 '직장갑질 119'에는 100일 만에 5478건의 제보가 쏟아졌다. 관련법과 제도는 나름대로 발전해왔지만, 일상의 고용인과 피고용인들의 인식은 제각각이다. 공무원이나 대기업

정규직 같은 1등급 일자리에서 멀어질수록 이 제각각의 인식은 더 큰 영향력을 발휘한다. 물론 한국 재계 서열 1위의 그룹에서 창업자의 유지라는 이유로 '무노조 경영'을 관철하기 위해 벌여왔던 행각을 떠올리면 이 이야기도 확신이 없어지기는 하지만 말이다.

하지만 갑질이라는 단어의 지분은 이런 직접 고용의 관계보다는 외주, 하청, 하도급과 같은 영역에서 기인한 것이 더 크다. '사장질'이 아니라 '갑질'인 이유다. 97년 외환 위기 이후 한국 경제는 지속적으로 노동 유연성을 강화하려고 노력해왔고, 그 노력의 가장 주요한 수단은 직접 고용을 줄이고 간접 고용을 통해 일을 외부로 돌리는 것이다. 그리고 이를 통해 '갑'이라는 존재의 악명이 커진다. 노동법의 보호를 받는 피고용인들에 비해, 상호 간의 계약으로 묶이는 관계에서는 을과 거기에 딸린 병, 정들의 고용 안정성은 더 낮아진다. 한국에서 확고한 갑의 위치에 있다고 할 수 있는 것은 정부 기관과 대기업 정도인데, 이들은 오랜 시간 동안 솔선수범하여 을들을 괴롭혀왔다. 작게는 업무 일정이나 내용을 수시로 뒤엎는 것부터, 과도한 행정적 절차나 서류를 요구하는 일, 비용이나 인건비를 후려치고 전가하는 일 등이 비일비재하다. 대체로 초단기로 유지되는 계약을 갱신하기 위해 '갑님'의 심기를 살피고 일 외적인 부분에서 로비를 해야 하는 것은 보너스다.

고용 및 유사 고용 관계에서 갑질이 발생하는 이유는 간단하다. 힘의 불균형이다. 돈과 힘이 갑에게 몰려 있고, 심지어 법도 각종 법률 자원을 동원하기 쉬운 갑에게 더 유리하다. MBC에서 2011년부터 2013년까지 경제사범 재판을 분석한 결과에 따르면 약 1천 300여 건의 사건 중에 범행 액수가 300억 원을 넘어선 11명은 모두 집행유예를 선고받고 풀려났다.[23]

군이 정경 유착을 도모하지 않더라도, 특정 수준 이상의 돈과 자원을 갖게 된 경제적 주체들은 그 자체로 정치적인 주체이고 원하는 효과를 발생시킬 수 있다. 한국 사회는 이런 힘의 불균형을 '선택과 집중'이라는 이름으로 오랫동안 성장 전략으로 유지해왔고, 그 결과 이 선택받은 이들은 사회를 지배하는 괴물이 되었다.

두 번째 영역은 '작은 괴물'들이 지배하는 영역이다. 요즘 한국 사회에서 조물주 위에 있다는 건물주들이다. 2014년을 기준으로 상위 10%가 전체 개인 소유지의 64.7%를, 법인의 1%가 전체 법인 소유지의 75.2%를 소유하고 있다.[24]

이렇게 소유가 집중되는 이유는 오늘날 건물주가 되기 위해 필요한 것이 '다른 건물'이기 때문이다. 임금 소득을 통해 건물

23 "[새로고침] 300억 이상 고위직은 집행유예?", MBC, 박영회 기자, 2018.02.06.
24 〈경향신문〉, "'정권은 유한하지만 부동산은 영원하다'…건물주의 나라", 류인하 기자, 2018.10.20.

주가 되는 것은 불가능에 가깝고, 가지고 있는 부동산을 담보로 대출을 받아 다른 부동산을 사는 투기가 건물주가 되는 거의 유일한 방법이 되었다. 공간은 인간의 삶에서 반드시 필요한 것임에도 불구하고 일부가 독과점하고 있는 것이나 마찬가지다.

주거와 공간의 문제를 사용하는 사람이 아니라 소유하는 사람 중심으로, 그리고 부동산 매매를 한국 사회의 유일무이한 부의 축적 방식으로 만들도록 방조한 여파는 거대하다. 2009년 6명의 목숨을 앗아갔던 용산 참사는 물론이고, 최근 곳곳에서 벌어지고 있는 젠트리피케이션 사태가 증명한다. 건물주들은 임대주택이나 대학교 기숙사의 건설을 반대하고, 장사가 잘되는 세입자를 내쫓고, 건물을 주식이라도 되는 양 사고팔며 시세차익을 노린다. 한국의 민간경제가 건물주들에게 볼모로 잡혀 있다고 해도 별로 과언이 아닌 것이다.

마지막으로 이른바 소비자의 갑질이 있다. 소비자는 오늘날 힘없는 사람이 갑의 위치에 설 수 있는 거의 유일한 자리다. 하지만 자본주의사회가 돈을 내는 사람에게는 평등하다는 것도 명목상의 이야기다. 힘없는 이들은 소비 시장에서도 '가난세'를 지불한다. 대기업일수록 자신들의 이윤을 위해 정보와 가격을 불균등하게 통제하는 힘이 생긴다. 때문에 '호구'와 '블랙 컨슈머'는 동전의 양면이고, 자신을 무시하고 속이려 했다는 강박적 의심이 소비자의 갑질을 만든다. 중요한 것은 이 과정마저도 결국 을들 간의 싸움으로 끝난다는 점이다. 콜센터는 거의 대부분의 기업이 외주화하는 부서다. 결국 그 회사 사람도 아닌 이에게 모욕과 쌍욕을 퍼붓고 나면, 진짜 갑들은 만신창이가 된 콜센터 외주 업체를 갈아치우면 그만이다.

결론적으로 말해 갑질은 특정인들에게 지나치게 몰려있는 돈과 권력을 배경으로 한다. 때문에 갑질하는 자들의 죄를 물어 처벌하는 것만으로는 해결되지 않는다. 그러므로 우리가 갑질을 근본적으로 해결하기 위해 고민해야 할 것은 어떻게 이 쏠림을 막고, 또 해소할 것인가라는 문제다. 갑님들이 착해지는 것만으로는 턱없이 부족하다.

※ 국가인권위원회 소식지 〈인권〉 114호

2018.03.23.

검찰, 뇌물 수수 및 조세 포탈 등의 혐의로
이명박 전 대통령 구속

에필로그

# 부적절한 시대의
# 읽기와 쓰기

⊙------- "나는 왜 쓰는가?" 공교롭게도, 최근 나는 이런 고
민을 하고 있었다. 그다지 즐거운 고민은 아니다. 내가 살고 있
는 시대가 무언가를 쓰는 것에 우호적이지 않은 환경으로 시시
각각 변해가고 있기 때문이다. 글을 쓴다는 것은 누군가가 그것
을 읽어주길 바라며 하는 일이다. 그러나 글 읽기는 점점 마니악
한 행위가 되어가고 있다. 짧은 인터넷 신문 칼럼만 봐도 그나
마 달리는 댓글의 대부분은 내용을 읽지 않고 다는 것들이다. 책
이란 그 내용보다는 굿즈(goods)로서의 물성이 더 중요하고, 글
쓰는 사람도 최종적으로는 굿즈가 되지 않으면 안 된다. 이것은
시대의 흐름이고, 그것을 탓하는 것만큼 무안하고 의미 없는 일
도 없다. 물론 그 흐름에 올라타는 것도 아무나 할 수 있는 일은

아니다.

　나는 이런 시대에 아직도 글로써 뭔가를 해보겠다고 남은 구시대의 흔적 중 하나다. 나라는 흔적은 고결함 같은 것과는 거리가 멀고 군이 따지자면 무능함에 가깝다. 하지만 그런 처지를 비관하고 있기에는 이 사양(斜陽)하는 세계에서 한몫을 해내는 것만도 만만치 않다. 어쨌거나 글은 인류를 지금과 같은 형태로 존재하게 만든 핵심적인 발명품이었다. 글의 가장 중요한 특성은 쌓인다는 것이다. 그리고 이것은 당연히 후대로 갈수록 불리한 조건을 만든다. 한 사람이 수학자이자, 철학자이며, 문학가이자, 과학자일 수 있었던 시절에 비해, 지금 사람들이 뭔가를 쓰고 주장하기 위해 알아야 하는 것은 상상을 초월할 만큼 늘어났다. 하지만 그 누구도 저 모든 것이었던 한 명이 오늘날에 이르기까지 미치는 영향력을 갖지는 못한다. 앞의 이야기가 미래와의 싸움이라면 이것은 과거와의 싸움인 셈인데, 유감스럽게도 우리의 장밋빛 미래를 책임질 4차 산업혁명에 시간을 거스르는 법은 포함되어 있지 않다. 그러니 어정쩡하게 디지털화된 세계를 살아가는 후대인은 육신이 허락하는 한도 내에서 끊임없이 읽고 쓸 수밖에 없다.

　최초로 읽고 쓰는 일에 흥미를 가졌던 것은 1990년대 중후반에 온라인 소설 열풍이 열병처럼 퍼져나갈 때였다. 중학생이었던 나는 《퇴마록》이 고전문학에 뒤지지 않는 명작이라고 믿으

며, 표절에 가까운 습작들을 쓰기도 했다. 학교 생활은 즐겁지
않았고, 나의 취미는 아랫집 형의 PC통신 아이디로 인터넷에 접
속해 〈딴지일보〉를 보는 것이었다. 장래희망은 게임 기획자나
게임 시나리오 작가였고, 꿈이 실현되지 못한 덕에 대학에 갔다.
다행히도 대학은 생각보다 적성에 맞았고, 2000년대 대학에서
일반적이지는 않았던 지적 허영도 생겨났다. 대학교 3학년이 되
던 해에 처음으로 글을 써서 돈을 받았다. 그리고 그것이 이후의
삶을 결정했다.

읽고 나니 그 이전으로 돌아갈 수 없게 된 책들이 있다. 20대
초반에 읽었던 진중권의 책《폭력과 상스러움》은 나에게 글을
쓰고 싶다는 몹쓸 욕망을 불어넣어주었다. 칼 마르크스의《루이
보나파르트의 브뤼메르 18일》에서는 거장의 칼놀림을 볼 수 있
었다. 감동적일 만큼 날카롭고 가차 없는 풍자와 비판이 난무하
는 글로, 많은 귀감이 되었다. 미셸 푸코의《감시와 처벌》은 내
가 처음으로 읽었던 원전이었는데, 그의 글과 스타일을 모두
애정하게 된 탓에 지금도 푸코는 내 '최애캐'로 자리 잡고 있다.
주디스 버틀러의《젠더 트러블》역시 젠더와 페미니즘 문제에
대한 내 지평을 확연하게 넓혀주었던 난해하고 야심차고 즐거
운 책이었다. 이해하기 위해 가장 많은 노력을 기울인 책이기도
하다.

우울한 얘기를 잔뜩 늘어놓았지만, 생각해보면 나는 운이 좋

왔다. 필요할 때면 그림처럼 적절한 사람들이 나타났고, 덕분에 좋은 기회를 얻었다. 힘들 때는 푸념과 응석을 받아주는 친구들이 있었고, 돈이 없어도 밥과 술을 사주는 은인들이 있었다. 그리고 그들 덕분에 하루에 천 번도 넘게 흔들리는 마음을 부여잡고 부지런히 읽고, 썼다. 비록 경제적으로는 비경제활동 인구나 다름없는 돈을 벌고 있지만, 덕분에 아주 조그마한 자부심이나마 가질 수 있게 되었다.

글 쓰는 사람으로서 하나의 목표가 있다면 내가 쓴 글에게 최대한 덜 부끄러운 삶을 사는 것이다. 이 길은 정말이지 쉬운 게 하나도 없다.

＊〈기획회의〉 457호, 2018.01.

## 감사의 말

⊙------- 나 혼자만의 이름을 건 세 번째 책이다. 글 쓰는 사람으로서는 영광스러우면서도 긴장되는 일이다. 책을 쓴다는 것은 내 것이면서도 내 것이 아닌 이상한 물건을 만드는 일이다. 내 생각과, 고민과, 정념을 담은 이 책은 이제 내 손을 떠나, 이 책을 읽고 있는 여러분들의 손 위에 놓여 있다. 이 책이 여러분의 세계관에 작은 균열이라도 낼 수 있다면 그것은 성공이라고 할 수 있다.

책 만들기는 생각보다 여러 사람의 품이 들어가는 일이다. 책의 탄생을 허락해준 위즈덤하우스의 김정희 분사장과, 두 번이나 나의 글을 책으로 만들어준 박혜정 편집자, 그리고 이 책을 만드는 데 손을 더했을 디자이너들과 제작 관계자들에게 동지적 감사를 전한다.

긴 세월 동안 나의 의견을 공론장에 내놓을 수 있게 해주었던 〈경향신문〉과, 〈시사IN〉에도 감사를 전한다. 또 나에게 원고나 강연을 맡겨주었던 매체나 조직들에도 감사를 전한다. 여러분 덕에 나는 글 쓰는 사람이라는 한없이 연약해 보이는 직업을 근 10년이 넘도록 유지할 수 있었다.

친구들은 내가 인간의 형상과 내면을 유지하며 살아가는 데 언제나 큰 도움을 주고 있다. 이번에는 특별히 김신영, 이한결, 배보람, 장일호, 김효진에게 감사를 전한다. 그러나 이름을 열거하지 않은 수많은 친구들의 우정을 모두 기억하고 있다는 것을 알아주길 바란다. 마지막으로 긴 시간 동안 나의 곁에서 애정과 우정을 나누어주고 있는 김유리와 힘든 삶 속에서도 나의 버팀목이 되어주시는 부모님께 모든 영광을 돌린다.

# 억울한 사람들의 나라

**초판 1쇄 발행**  2018년 4월 30일
**초판 2쇄 발행**  2018년 5월 30일

**지은이**  최태섭
**펴낸이**  연준혁

**출판 9분사 분사장**  김정희
**책임편집**  박혜정
**디자인**  박진범

**펴낸곳**  (주)위즈덤하우스 미디어그룹  **출판등록**  2000년 5월 23일 제13-1071호
**주소**  경기도 고양시 일산동구 정발산로 43-20 센트럴프라자 6층
**전화**  031)936-4000  **팩스**  031)903-3893
**홈페이지**  www.wisdomhouse.co.kr

ISBN 979-11-6220-581-5 03300
값 14,800원

이 도서의 국립중앙도서관 출판예정도서목록(CIP)은 서지정보유통지원시스템  홈페이지
(http://seoji.nl.go.kr)와 국가자료공동목록시스템(http://www.nl.go.kr/kolisnet)에서 이용하실
수 있습니다.(CIP제어번호: CIP2018012108)